UNE SPIRITUALITÉ D'ENFANT

« *Espaces libres* »

UNE SPIRITUALITÉ D'ENFANT

Sous la direction de Lytta Basset

Albin Michel

Albin Michel
▪ *Spiritualités* ▪

Collection « Espaces libres »
dirigée par Jean Mouttapa et Marc de Smedt

Sommaire

AVANT-PROPOS

Une spiritualité d'enfant

Lytta Basset

> Quand les parents essaient d'éveiller l'esprit de l'enfant, ils le trouvent déjà déterminé radicalement avant leur intervention ou indépendamment d'elle. Quelque chose d'autrui nous échappe toujours, il n'y a jamais de paternité complète. *L'ingenium* est irréductible. Nous ne faisons que coopérer à la vie des esprits ; la chiquenaude initiale ne vient pas de nous [...]. Puisque l'homme n'est pas né du monde ni de l'homme, il est donc né de Dieu[1].

Avec cette citation du philosophe Maurice Nédoncelle, le ton est donné. Dans cet ouvrage, nous ne tenterons pas de répondre à la question « comment parler de Dieu aux enfants ? », mais nous nous interrogerons sur ce que les enfants nous disent de Dieu : comment *leur* spiritualité peut-elle nous enrichir ? Qu'est-ce qui leur est « révélé », selon l'affirmation de Jésus, qui resterait « caché aux sages et aux intelligents[2] » ?

Autant dire qu'une telle lecture nécessite un état d'esprit qui ne va pas de soi : « Comme adultes et en tant que parents, éducateurs, accompagnateurs d'enfants, sommes-nous capables de croire que les petits enfants pourraient avoir quelque chose à nous dire que nous ne sachions déjà[3] ? », écrit Élaine Champagne.

On a dit et redit que l'attitude de Jésus envers les enfants était révolutionnaire à une époque et dans une religion où il fallait avoir atteint l'âge de douze ans pour être pris au sérieux. Mais n'était-il pas profondément enraciné dans une tradition bien vivante qui pourtant percevait déjà dans l'enfant à peine né la trace indélébile de son appartenance à Dieu ? Voici ce que le Talmud de Babylone dit du nouveau-né : « Aussitôt l'enfant se met à pleurer. Et pourquoi pleure-t-il ? À cause du monde dans lequel il avait vécu et qu'il est obligé de quitter [...]. [L'ange] fait sortir l'enfant malgré lui et l'enfant oublie tout ce qu'il a vu[4]. » L'écrivain Jonathan Littell place cette citation dans la bouche d'un de ses personnages, Nahum ben Ibrahim, qui ajoute alors ceci : « Mais l'enfant n'oublie pas tout de suite. Quand mon fils avait trois ans, il y a longtemps, je l'ai surpris la nuit près du berceau de sa petite sœur : "Parle-moi de Dieu, lui disait-il. Je suis en train d'oublier." C'est pour cela que l'homme doit tout réapprendre sur Dieu par l'étude.[5] »

On peut penser que c'est à ce passage du Talmud, et à d'autres de la même veine, que se réfère le philosophe juif Martin Buber dans son célèbre livre *Je et Tu*. À propos de la vie prénatale de l'enfant, il écrit ceci :

> [...] en lisant certain texte mythique juif, on croit déchiffrer à demi une inscription primitive, lorsqu'on lit que dans le sein maternel l'homme est initié au Tout, mais qu'il l'oublie à la naissance. Et cette liaison subsiste au fond de lui, il est la figure secrète de son rêve. Non qu'il aspire à retourner en arrière [...]. Mais cette aspiration révèle le besoin de rétablir un lien cosmique entre l'être parvenu à la vie spirituelle et son *Tu* véritable [...]. Un délai est imparti au fils d'homme pour échanger contre un lien spirituel, c'est-à-dire contre une relation, le lien naturel qui l'unissait à l'univers[6].

Là s'enracine, pour le philosophe, le « fait primitif » qu'est notre besoin de relation.

Le secret principal « révélé aux tout-petits » n'est-il pas cette connaissance intuitive du lieu d'où ils viennent ? Comment Jésus aurait-il lui-même eu accès à cette révélation sans une telle connaissance, ineffaçable dans sa propre histoire ? Lorsqu'il se disait à maintes reprises, dans l'Évangile de Jean, « sorti » ou « venu de Dieu[7] » et « allant vers Dieu[8] », n'était-ce pas chaque fois pour établir ou renforcer le « lien spirituel » avec ses semblables – comme s'il avait été envoyé essentiellement pour leur rendre la mémoire de leur origine et de leur destination ultime ? Si l'on relit Matthieu 18 à la lumière de cela, on comprend que « se retourner et devenir comme les petits enfants[9] » concerne avant tout ce lien spirituel indestructible entre tout être humain et « son *Tu* véritable » – lien qui le constitue avant même sa naissance et à jamais.

Le contexte, dans ce début du chapitre, ne pousse pas à l'attendrissement béat devant le petit enfant : il est question de la dure réalité, lorsqu'est détruite sa confiance, c'est-à-dire sa foi en l'autre, ce qui inclut sa foi en l'*Autre* à un âge où la relation aux autres et la relation à Dieu sont indissociables. Mais du v. 5 au v. 6, Jésus passe sans transition de l'enfant au « petit », mot qui dans les Évangiles désigne aussi bien l'enfant que l'adulte ayant gardé son esprit d'enfance au point de faire confiance à l'autre[10]. C'est que, peu ou prou, tout être humain connaît des destructions de confiance. Or, détruire en autrui – adulte et a fortiori enfant – sa confiance en l'autre, que ce soit par le mensonge, la trahison, l'abandon, l'abus ou la manipulation, c'est s'attaquer à ce lien spirituel qui donnait sens à sa vie terrestre. Mais « devenir comme les petits enfants » n'est pas ré-écrire l'histoire. C'est revisiter les destructions pour les intégrer et s'en libérer et, par là même, devenir ce qu'on a toujours été appelé à être – un enfant de la Vie, dont le souffle *(spiritus*, l'esprit) est impérissable, puisqu'on expérimente chaque jour à nouveau que le lien spirituel avec l'autre/Autre est encore possible.

Que connaît-on de la spiritualité des enfants ? Pas grand-chose ! Les études jusqu'ici ont porté pour l'essentiel sur le développement neurologique, intellectuel, affectif et social de l'enfant. Du côté des Églises, l'approche a toujours été catéchétique : il s'agissait d'enseigner Dieu, Jésus, la Bible, aux enfants. C'est au début des années 90 qu'éducateurs, psychologues, psychanalystes et travailleurs sociaux ont commencé à s'intéresser à l'expérience spirituelle des enfants. Paradoxalement, la plupart des théologiens, oublieux des paroles de Jésus sur les enfants, laissaient le sujet de côté, comme l'explique Élaine Champagne : « Selon eux, une spiritualité authentique exigerait la capacité de conscience de soi et l'élaboration d'un système de valeurs cohérent, sciemment intégré à l'existence quotidienne[11]. » Et elle ajoute très justement : « De ce point de vue, les enfants et les handicapés intellectuels seraient privés de vie spirituelle [...]. Est-ce que l'expérience spirituelle doit être consciente d'elle-même, consciente d'être spirituelle, pour l'être véritablement[12] ? » Cette théologienne québécoise passe alors en revue quelques définitions contemporaines de la spiritualité, qui mettent l'accent principalement sur l'unification et l'intégrité de la personne en référence avec ses valeurs et le sens de sa vie. Elle conclut en notant que les définitions actuelles de la spiritualité s'appliquent difficilement aux petits enfants[13].

Quand bien même on verrait essentiellement dans la spiritualité l'expérience intérieure de l'être humain en relation, comment y accéder lorsqu'il s'agit de « tout-petits » (3-6 ans) ? Il n'est pas étonnant que la littérature, ici, soit quasiment inexistante ! L'attitude de Jésus envers les tout-petits laisse entendre que devant l'incommunicabilité de leur prière intime, nous avons à *croire* en l'existence d'une telle prière. S'ils transmettent quelque chose de Dieu aux adultes, c'est toujours à leur insu. On peut donc avancer ceci : c'est quand ils suscitent en nous la relation de confiance – ils nous poussent à croire en ce Dieu qui les habite – que nous pouvons affirmer l'existence de leur spiritualité. Il doit bien y avoir un arbre puisqu'il y a des fruits ! À l'inverse, si d'emblée nous posons que leur vie spirituelle est inexistante – « ce sont des vases vides que nous seuls, adultes, pouvons et devons remplir » –, nous nous fermons à ce dont ils sont porteurs… et nous n'allons effectivement rien entendre à travers eux !

Une autre parole de Jésus invite à adopter une telle attitude : « Voyez à ne pas mépriser un seul de ces petits ! Car je vous dis : leurs anges, dans les cieux, regardent sans cesse la face de mon Père, celui [qui est] dans les cieux » (Mt 18, 10). Il y aurait en chaque enfant un face à face éternel (« sans cesse »), ineffaçable, avec le Père d'où il est venu. Et puisque *angelos* (l'ange) signifie celui qui annonce ou proclame, ce qu'il « dit » de Dieu serait précisément ce qu'il « voit sans cesse » de Lui. Chaque enfant viendrait ainsi susciter notre écoute à la manière même de ces prophètes de la Bible dont il convenait de décrypter les paroles et les gestes.

Enfin, ce qui nous autorisera à passer constamment de la spiritualité de l'enfant à l'esprit d'enfance en l'adulte, c'est le chassé-croisé entre l'« enfant » et le « petit » (adulte ou enfant) dans les Évangiles eux-mêmes. « Le royaume de Dieu est pour ceux qui leur ressemblent », aimait à dire Jésus. Dans quel sens ? Les enfants, comme ces adultes sans ressources qu'il appelait les « petits », sont essentiellement des *exclus*, ayant le sentiment de ne mériter en rien le « royaume de Dieu », c'est-à-dire la vie dans sa plénitude. Ils ne peuvent vivre qu'en attendant tout de l'autre/Autre. Leur ressembler signifierait alors devenir ouvert à cette vie divine comme à un cadeau tout à fait imprévisible.

« Le royaume de Dieu est pour ceux qui leur ressemblent » peut s'entendre dans un deuxième sens, à l'antipode de cette demande individualiste et autosuffisante à laquelle l'adulte réduit trop souvent la foi. Un « royaume » impliquant d'emblée *des* sujets, une existence au pluriel, chacun pourrait y accéder, à la manière des enfants et des « petits », dans la mesure où il renoncerait à exclure qui que ce soit. C'est que dans ce monde-là « règne » l'Autre dans l'entre-deux de *toutes les relations*. Or, précisément, deux auteurs anglais, David Hay et Rebecca Nye, après avoir proposé plusieurs catégories de sensibilité spirituelle pour les enfants, ont pu conclure que le noyau de leur spiritualité était la conscience relationnelle[14]. En effet, il est établi depuis longtemps que l'enfant a un besoin vital de relation avec les autres – et nous pouvons ajouter avec l'Autre, à nouveau, puisqu'à cet âge c'est tout un. Une parole d'un garçon juif américain âgé de 9 ans va bien dans ce sens. À la question de savoir comment ses ancêtres, au désert, pouvaient entendre Dieu et le comprendre, il répondait : « Les Juifs ont toujours crié à travers l'univers jusqu'aux étoiles pour être entendus des autres Juifs[15]. »

C'est donc un continent largement inexploré que cet ouvrage tente d'aborder. Les lecteurs n'y trouveront pas un ensemble de conclusions, mais seulement des pistes de réflexion et, espérons-le, matière à poursuivre la recherche. Il apparaîtra que la plupart des auteurs donnent facilement la parole aux enfants eux-mêmes. C'est comme s'ils avaient fait leur la recommandation d'Anna Freud à Robert Coles, ce professeur de psychiatrie et d'humanités médicales à Harvard, au moment où il démarrait sa vaste enquête sur la spiritualité de centaines d'enfants de toutes nationalités, religions, cultures : « Laissez les enfants vous aider avec leurs propres idées sur la question ! », lui avait-elle dit[16].

Une réflexion sur la pensée par images et métaphores, prévalente dans l'enfance, s'imposait aux yeux de *Nicole Fabre* : que deviendra à l'âge adulte cette manière de représenter Dieu et les réalités spirituelles ? Quels garde-fous, quelles orientations fécondes les adultes peuvent-ils offrir à l'enfant pour que, plus tard, il ne jette pas « le bébé avec l'eau du bain » ? Dans la même ligne, la professeure Ana-Maria Rizzuto rappelait dès 1979 que la quête de l'esprit pour comprendre le monde par l'imagination, par les contes, les légendes et les mythes, par des chansons, des poèmes et des psaumes ne s'appuie pas forcément ni arbitrairement sur le mensonge ou l'illusion[17]. On peut rappeler ici la prédilection de Jésus pour les paraboles, son langage imagé et métaphorique, alors même qu'il s'adressait à des adultes. Selon les sages juifs, les affirmations conceptuelles sur Dieu risquent toujours de conduire à l'idolâtrie : « Il est toujours bon, écrit Catherine Chalier, de revenir au langage sensible des images ou des métaphores pour éviter la surdité du savoir à ce qui l'excède [...]. Images et métaphores parlent *aussi* au corps sensible et émotionnel – et pas seulement à l'intellect [...]. Pour s'approcher au plus près de la Voix, sensibilité, émotions et intelligence, semble-t-il, ne doivent pas se laisser dissocier[18]. »

Quand les mots pour traduire la vie spirituelle font défaut, dans le cas des tout petits enfants d'une part, dans celui des enfants souffrant d'un handicap, trisomiques ou autistes, d'autre part, *Michèle Trellu* et *Madeleine Natanson* nous font découvrir toute une riche intériorité qui échappe à l'adulte pressé. Ces enfants, peut-être davantage encore que les autres, savent se laisser habiter par ce qu'ils perçoivent. Que l'enfance soit l'âge privilégié de l'ouverture au monde et aux autres par les cinq sens, c'est un fait d'observation. Mais il reste à dégager la portée spirituelle de ces innombrables appels bibliques à utiliser tous ses sens : voir et croire, ouvrir ses oreilles et s'orienter vers Dieu, toucher et se laisser toucher, « goûter et voir combien le Seigneur est bon » (Ps 34, 9) – appels adressés à tout adulte, mais (encore) réalité pour l'enfant, en particulier le plus démuni. « Le bonheur, c'est de bien regarder », disait l'un d'entre eux ! Les lecteurs trouveront dans ces deux chapitres matière à réfléchir sur une spiritualité incarnée, à l'image de celle des enfants : « Partout dans le monde, dans leur école comme dans leur maison, des enfants m'ont parlé de cette proximité “physique” de Dieu », écrit Robert Coles, qui avoue avoir été très frappé par l'importance accordée au visage de Dieu dans tous les dessins d'enfants[19]. Comment ne pas penser aux Béatitudes : « Heureux les cœurs purs : ils verront Dieu » ?

Forte d'une longue expérience à la direction du magazine *Grains de soleil*, qui lui a valu un abondant courrier d'enfants-lecteurs plein de riches questionnements, *Emmanuelle Rémond-Dalyac* montre comment la presse éducative catholique prend en compte de manière respectueuse et inventive la spiritualité des enfants d'aujourd'hui. Dans la même ligne, Robert Coles note que « les récits de l'Écriture » ne se réduisent pas à un symbolisme permettant à la vie émotionnelle de s'exprimer. Ces histoires religieuses inspirent littéralement les enfants, incitent leur esprit à développer ses pensées et ses fantasmes et les aident à progresser en maturité et à devenir plus réfléchis, plus sûrs d'eux-mêmes[20]. Anna Freud avait averti ce psychiatre qu'il parlerait philosophie et théologie avec eux : « Les enfants essaient de comprendre le pourquoi de ce qui leur arrive, lui avait-elle dit, et pour cela ils font appel à leur propre expérience de la vie religieuse, aux valeurs spirituelles reçues aussi bien qu'à d'autres sources d'explication[21]. »

Grâce à sa grande familiarité avec la théologie noire américaine et l'œuvre de Martin Luther King en particulier, *Serge Molla* apporte un éclairage original à la parole de Jésus sur les choses « cachées aux sages et aux intelligents et révélées aux tout-petits » : ces derniers ne sont-ils pas aussi les esclaves noirs dans les champs de coton ou les enfants noirs acteurs dans la lutte antiségrégationniste ? Comme pour illustrer l'impact sociopolitique de ceux qu'on considère comme spirituellement « simplistes », une histoire en parfaite consonance avec ce chapitre est rapportée par Robert Coles :

> En 1962, une petite Noire de 8 ans, en Caroline du Nord, m'a dit : « J'étais toute seule et la foule des ségrégationnistes criait, et soudain j'ai vu Dieu qui me souriait et moi aussi j'ai souri. Une femme, près de la porte de l'école, me cria : *Hé ! là, toi, sale petite négresse, pourquoi ris-tu ?* Je l'ai regardée dans les yeux et j'ai dit : *Je souris à Dieu.* Alors elle a levé les yeux au ciel, elle m'a regardée et elle ne m'a plus insultée ». De pareils moments nous rappellent à tous – que notre intérêt se porte vers la sociologie, la psychologie ou la théologie – que les plus personnelles des « illusions » peuvent participer à un événement très public, et que les barrières de race ou de classe sociale peuvent rapidement céder à certaines expériences humaines partagées. La fillette qui m'avait raconté cet incident était persuadée que Dieu était brusquement intervenu dans le monde réel[22].

Le thème de la simplicité fruit de la « petitesse » est aussi très présent dans le chapitre de

Sylvie Barnay, mais dans un tout autre contexte : elle montre comment Thérèse de Lisieux, devenue sainte Thérèse de l'Enfant-Jésus, a pu, à un âge précoce, se laisser inspirer par l'*enfant Jésus* au point de créer une petite pièce de théâtre destinée à être jouée par sa communauté carmélite ; parmi les acteurs, les « anges » feront penser à ces « anges des petits » de Matthieu 18. Et, à nouveau, on notera les convergences avec la vaste enquête de Robert Coles : l'existence humaine de Jésus « se grave profondément dans l'esprit des enfants, surtout parce que Jésus leur est présenté à l'église au tout début de sa vie : un enfant semblable aux autres, vivant dans une obscurité relative au sein d'une famille ordinaire. De plus, il était destiné à une mission de la plus haute importance, déjà curieux, de 8 à 10 ans, de ce que lui réservait l'avenir. Il ne faut donc pas s'étonner que Jésus, pour la plupart des enfants, soit un guide personnel, un modèle qui touche leur cœur ». Il est avant tout pour eux « le "Sauveur des enfants", celui qui, après avoir survécu à l'enfance, a souffert dans son esprit et dans sa chair, et demeure très présent[23] ».

De son côté, *Tania Zittoun* part de la nécessité pour les psychologues d'abandonner l'illusion de l'objectivité lorsqu'il s'agit de spiritualité enfantine. Évoquant la notion juive de l'esprit *(rouah)* comme mouvement vers l'Autre, elle montre combien *le questionnement* est à la base de l'éducation juive traditionnelle et aussi au centre de la croyance/pratique adulte. Si la spiritualité se rencontre au cœur même de la dynamique du développement – sortir d'Égypte signifiant symboliquement quitter la terre de la parole morte, se mettre en mouvement, (se) poser des questions – alors la spiritualité qui naît et croît chez l'enfant peut être soit brimée, soit encouragée et maintenue chez l'adulte.

Selon *Yves Bridel*, l'esprit d'enfance est une des clés de l'œuvre de l'écrivain français Georges Bernanos : l'achèvement en l'adulte de l'enfance humaine apparaît dans la capacité de se tenir comme un enfant en face de son Père. Profondément marqué par la guerre de 14-18, toute l'œuvre de Bernanos reflète quelque chose d'une reconquête de cet esprit d'enfance. Il va jusqu'à confier le destin du monde aux enfants et à tous ceux qui leur ressemblent, à commencer par Thérèse de Lisieux, ou Jeanne d'Arc – incarnation privilégiée de cet esprit d'enfance « politique » évoqué par Serge Molla dans cet ouvrage. Deux romans bernanosiens illustrent le propos d'Yves Bridel : *La Nouvelle Histoire de Mouchette* – où il montre comment l'esprit d'enfance protège du néant malgré le suicide – et le *Journal d'un curé de campagne* – où l'on voit l'enfance spirituelle du curé redonner vie à la part enfantine des plus misérables, enfance spirituelle qui est essentiellement esprit de pauvreté, conquis de haute lutte.

Enfin, *Anne-Marie Aitken* met l'accent sur le développement global des enfants de 7 à 12 ans, avec leurs questions existentielles, et se demande comment cesser de se projeter sur eux pour accueillir chacun dans son unicité et l'aider à grandir. Elle nous offre ensuite un survol fort utile de l'histoire de la catéchèse, qui induit un questionnement sur le projet même de catéchiser les enfants. Il a fallu attendre l'après-Seconde Guerre mondiale pour qu'on commence à prendre en compte les questions et la vie concrète des enfants et pour que la catéchèse devienne interactive, espace de croissance mutuelle. L'auteure commente alors trois passages clés des évangiles, afin de revaloriser la croissance spirituelle des enfants et évoquer le prix que les adultes ont à payer quand ils s'engagent dans cette démarche.

Il est frappant de voir les nombreux points de convergence entre les observations tirées de la longue enquête de Robert Coles d'une part, et les grandes lignes esquissées par les auteurs de cet ouvrage, d'autre part. Comme lui, les lecteurs auront peut-être, en cours de route, à modifier quelque peu leur définition de la spiritualité. Le simple fait que Dieu trouve le moyen de se faire connaître à des enfants souffrant d'un handicap mental donne beaucoup à réfléchir. D'une façon plus générale, le théologien orthodoxe Kallistos

Ware n'affirme-t-il pas qu'on peut être à la fois psychiquement malade et spirituellement bien portant[24] ?

On aura peut-être aussi à modifier sa représentation de Dieu. Le fait que la majorité des enfants perçoivent plus facilement Dieu comme un enfant[25] met sur la piste d'une pensée constamment reprise par toutes les traditions chrétiennes : connaissance de Dieu et connaissance de soi-même sont indissociables. À nouveau, les conclusions de Robert Coles viennent confirmer cette intuition : « J'étais souvent frappé par leur acharnement à définir Dieu, à Le situer [...], à Le connaître [...] et je me demandais si ces enfants n'étaient pas eux-mêmes le véritable trésor qu'ils cherchaient avec tant d'évidence : des jeunes s'interrogeant sur Dieu et s'impliquant eux-mêmes dans Son image[26]. » L'enfant enseignerait donc essentiellement à l'adulte comment connaître Dieu en s'impliquant soi-même le plus possible dans Son image : « Il faut avoir confiance en Dieu quand on essaie de L'imaginer », disait un petit Américain de 9 ans[27].

En définitive, n'est-ce pas l'expression venue du fond des âges chrétiens qu'il convient d'appliquer avant tout à l'enfant – un être « capable de Dieu » ? Les traits bien connus de la psychologie enfantine (capacité à s'émerveiller, pensée par images et métaphores, ouverture aux grandes questions métaphysiques et, par-dessus tout, ouverture à la relation) seraient alors à comprendre comme le berceau de Dieu en lui, mais aussi en l'adulte dans la mesure où, comme l'enfant, l'adulte consent à laisser l'Autre naître en lui toujours à nouveau… pour devenir pleinement lui-même, même s'il ne sait encore rien de ce devenir.

L'enfance : une pierre d'attente pour le spirituel

Nicole Fabre

N'y aurait-il pas chez tout enfant, liée à la nature même de l'enfance, quelque pierre d'attente fondatrice de l'accueil du spirituel ? Face à ce grand thème, je dois d'abord préciser mes limites : en premier lieu, mon inscription dans le monde chrétien ; et dans ce monde chrétien, ma sensibilité à la dimension proprement spirituelle plutôt qu'à la dimension théologique ou ecclésiale. C'est cela que j'ai souhaité transmettre à mes enfants et aux enfants qui m'ont autrefois été confiés en catéchèse.

Étant psychanalyste et psychothérapeute depuis de longues années, il est évidemment exclu que je me situe sur ce terrain avec mes patients, mais ce que j'entends d'eux, qu'ils soient adultes ou enfants, éveille en moi des échos et des questionnements. Je peux donc parler d'enfants vivant dans un milieu chrétien, bénéficiant d'un enseignement religieux et de la participation à des cérémonies religieuses dans la communauté croyante.

Je peux parler aussi d'enfants vivant dans un milieu agnostique, non religieux. Plus exactement, à propos de ces enfants, je peux poser la question de l'accession au spirituel (possible ou difficile et incertain ?) telle qu'elle m'apparaît. Mais je ne peux pas traiter de la façon dont est vécue la spiritualité par un enfant vivant dans un milieu musulman ou bouddhiste, n'en connaissant pas.

Un monde matérialiste

Cependant, quels qu'ils soient, nos enfants vivent tous dans la société que nous leur avons faite, une société essentiellement matérialiste. Leurs intérêts le sont aussi, marqués par « l'avoir » et le « tout tout de suite ». Le sens donné aux choses est généralement explicatif : le discours ambiant se veut rationnel pour répondre à leur désir de comprendre et à leur curiosité ; peut-être le faisons-nous pour nous rassurer nous-mêmes. Nous ne supportons pas les temps morts et emplissons pour nous mais plus encore pour nos enfants tous les espaces de temps et de pensée, alors que l'expérience du vide est nécessaire à notre profondeur, à notre créativité. Les jeux virtuels auxquels nos enfants s'adonnent n'échappent pas à ce descriptif, en raison même de leur nature et de leur contenu. Enfin, l'éducation religieuse et la foi chrétienne qui avaient le souci et la charge de l'éveil au spirituel sont en régression dans nos sociétés occidentales, nous le savons tous.

Devant ces constats, la tentation est grande de baisser les bras. Peut-on, puis-je réellement parler de la spiritualité de l'enfant ? Ne faut-il pas admettre que je m'avance vers un lieu désertique où je ne trouverai rien de ce que je cherche ? Reconnaissons que ce problème n'est pas du tout au goût du jour, qu'il faut tourner la page. Nos enfants n'ont pas, n'ont plus le sens du spirituel parce que nous n'avons pas veillé à le susciter en eux. Nous l'avons peut-être même étouffé parce que collectivement nous avons laissé s'étendre et s'installer le matérialisme ambiant, que nous avons créé par un souci aveugle de mieux-être et de progrès. Seuls quelques îlots demeurent, témoins d'un temps révolu. Ma préoccupation elle-même, ma quête et mon désir d'approcher l'enfant dans sa vie spirituelle ne sont-ils pas le signe de mon décalage d'avec le monde où je vis ?

Et pourtant, si ce que je décris tantôt comme une plaine aride, tantôt comme une sorte de supermarché encombré, se révélait terre fertile peut-être mal ensemencée, jardin caché sous les fourrés, mystérieux sous-bois odorant ? Ne voit-on pas pousser entre des rochers une fleur merveilleuse qui puise sa force on ne sait où ? Enfant, je m'émerveillais, ayant vécu dans un jardin luxuriant perdu à jamais, de voir au printemps, entre l'asphalte et le mur gris, naître un brin d'herbe verte ou s'épanouir une fleur simple. C'était pour moi comme le signe que la vie est plus forte que ce qui semble la tuer. C'est pour moi aujourd'hui l'assurance que même dans un monde matérialiste, même dans une famille peu préoccupée d'éveiller l'enfant à la contemplation – chemin de spiritualité –, nos enfants peuvent avoir accès au spirituel, trouver la source où l'alimenter. N'y a-t-il pas des traits propres à l'enfance, la caractérisant en dehors de toute appartenance socioculturelle et qui pourraient constituer le terreau où s'ensemence la vie spirituelle ?

Comment entendre « le spirituel » ?

Expérience spirituelle, vie spirituelle, spiritualité, comment vais-je aborder ces termes et ce qu'ils désignent ? Me vient en mémoire cette petite fille qui, réfléchissant à l'origine des mythes, s'écrie brusquement : « J'ai compris ! Quand les hommes se posent une question difficile sur le monde, ils créent un mythe ! » J'ai envie de transposer ce mode de pensée et de dire : « Quand les hommes ont besoin d'autre chose que des choses, quand ils ont envie de sentir autrement le monde, ils entrent dans le spirituel. »

L'expérience spirituelle, la spiritualité à laquelle auraient accès les enfants, c'est un en deçà et un au-delà du monde matériel et des désirs bruts, un en deçà et un au-delà de la chose et du besoin. Un en deçà et un au-delà également de la réponse explicative, rationnelle et mécaniciste aux questions que nous nous posons.

Malgré les entraves importantes à l'accès au spirituel pour l'enfant d'aujourd'hui, j'ai la conviction qu'il y a aussi des pierres d'attente dans cela même qui caractérise l'enfance – l'enfance de tous les enfants.

L'enfant pense par images avant de disposer des mots. L'image l'introduit au symbole. C'est son moyen d'accès à la perception du réel, son mode d'attention, de pensée, de compréhension. Au temps des « années magiques » (avant 6 ans environ), c'est par une image qu'il exprime ce qu'il perçoit du monde et que, ne sachant pas dire, il dit magnifiquement.

Une petite fille regarde la pêche que sa mère vient de peler : « tout nu, pêche », dit cette enfant qui parle à peine. Au soleil couchant, des nuages se lèvent qui le masquent : « il a mis sa chemise de nuit », dit l'enfant pensif qui sait qu'il va bientôt être l'heure de dormir. Pas d'explication logique. L'enfant regarde, écoute, s'écoute lui-même, les images s'associent, à peine portées par les mots, et voici qu'il rend compte métaphoriquement de sa perception du monde. Ce faisant, il se détache de l'apparence matérielle et de la construction logique que plus tard il recherchera. Entré dans la métaphore, il parle la langue des poètes, qui conduit aux portes du spirituel. Certes, il ne s'agit pas là d'une démarche spirituelle ! Mais le spirituel a une familiarité avec ce détachement de la chose et la non exigence de rationalité logique. La réalité s'y atteint et s'y dit à un autre niveau que celui de la perception brute. Et l'enfant ne cherche pas à traduire son observation sur un registre autre que celui de l'immédiateté, de l'évidence, qui a quelque chose de commun avec le spirituel.

Un pas de plus et un seuil serait franchi où, tout en conservant la qualité de spiritualisation en germe, l'enfant risquerait de stagner et d'être confronté plus tard à de réelles difficultés. En effet, l'enfant qui dit que la pêche est nue lorsqu'elle est pelée ou que le soleil met sa chemise de nuit le soir prête une personnalité à ces objets qui ne sont jamais que des objets. Quand le regard sur le monde spiritualise la réalité brute, s'inscrit et s'installe dans la personnalisation de la chose, l'enfant y voit des êtres pourvus d'intention, de sentiments. Le monde est beau pour lui, le soleil le chauffe pour lui faire plaisir mais il le brûle parce qu'il est méchant ; l'océan se gonfle parce qu'il est en colère… L'enfant s'est engagé dans la vision d'un monde personnalisé, humanisé, qu'il contemple avec plaisir, avec adoration, avec crainte. Et cette contemplation peut l'ouvrir à la contemplation de Dieu présent dans sa création. Si l'adulte aide l'enfant à s'imprégner de ces sentiments, s'il l'accompagne sur ce terrain, s'il lui donne les mots, l'enfant est introduit à une réelle expérience spirituelle le rejoignant à divers niveaux. Il est prêt à partager l'adoration priante de François d'Assise ou des Psaumes de la Bible hébraïque.

Toutefois, si nous tablons sur cette capacité de symbolisation sans apporter aucune distance avec un monde qui, de signifiant par métaphore, devient parlant de manière magique, alors, le temps passant, l'enfant entrera dans la confusion, les faux-sens et les contresens : l'océan en colère tue les humains en provoquant un tsunami. À dix ans, à douze ans, le Dieu cruel et la nature furieuse ne font plus qu'un, comme avaient fait un le Dieu bon et la nature généreuse. L'enfant ayant grandi découvre un Dieu pervers qu'il a besoin de rejeter souvent à coup d'arguments logiques, à moins que ne se prépare en lui la soumission à une spiritualité sadique qui marquera sa vie ultérieure. En le confortant innocemment dans l'illusion que sa personnalisation du monde et des objets est vérité, voici que nous avons perverti son regard ! Un regard qui, initialement, se contentait de l'ouvrir à un autrement, à un ailleurs, celui de la langue des poètes qui est chemin de contemplation spirituelle.

La langue des poètes

Pour Bachelard, nous savons que la langue des poètes est comme un feu qui nous traverse et nous emporte vers l'ailleurs de notre lien intime, celui de la spiritualisation du monde des choses. *La Terre et les Rêveries de la volonté* et *L'Air et les Songes*[1] nous parlent de nous-mêmes à travers la symbolique dont ils sont porteurs. Ils nous parlent d'un monde qu'habite l'esprit. Notre regard lui-même se spiritualise dans un travail où les psychanalystes verraient à l'œuvre le travail de sublimation, ce travail qui nous arrache à la chose pour nous élever vers le sens et la contemplation de la trilogie classique : le beau, le bien, le vrai.

Une autre ligne de réflexion que nous offre Bachelard et qui prend aisément place en ce point de mon développement : l'image poétique jaillit du sujet lui-même. Elle nous parle dans la mesure où nous pouvons nous y glisser. En accueillant l'image du poète-enfant, je réveille l'ancien enfant qui sommeille en moi. Mais si j'impose, moi adulte, une image à l'enfant ou si je confirme comme vérité objective l'image jaillie de sa pensée magique, je risque de gauchir son rapport au spirituel. Mes mots se fixeront en faux-sens et en contresens si je n'y prends pas garde.

Voici un petit garçon. Il s'entretient avec une amie de sa famille et le ton est sérieux : « Quand j'étais petit, je croyais au Père Noël. Mes parents disaient que là-haut dans le ciel il regardait ce que je faisais et me donnerait mes cadeaux si j'étais sage, ou les garderait si je n'étais pas sage. Maintenant mes parents m'ont expliqué que ce n'est pas vrai. Le Père Noël n'existe pas. Il n'est pas dans le ciel à me regarder. Mais je suis allé au catéchisme et on m'a dit que Dieu notre père est au ciel, qu'il nous aime et fait attention à nous. Mais je me demande : est-ce que pour lui aussi ça va être pareil ? »

En d'autres termes, le ciel qui s'est vidé du Père Noël supposé l'habiter va-t-il aussi se vider de Dieu ? Attention aux images ! Ne les traitons jamais comme réalité si nous ne voulons pas qu'un jour le mouvement spirituel qu'elles ont suscité se détruise en même temps que se détruira la conviction qu'il s'agissait, comme dit un autre enfant, « de la vérité vraie » et non d'une métaphore poétique pour dire ce qu'on ne peut pas dire.

Le rôle des adultes

J'ai longuement développé ce qui me semble constituer une pierre d'attente pour l'accès au spirituel chez l'enfant et qui m'apparaît plutôt maintenant comme pierre angulaire. Il s'agit de la capacité naturelle de l'enfant à entrer dans le langage symbolique grâce à la métaphore. J'ai également souligné les embûches liées à cela même qui peut permettre l'épanouissement du spirituel : le langage métaphorique traité comme expression de la réalité puis rejeté en emportant ce qu'il représentait. Nous encourons ce risque chaque fois que nous approuvons l'enfant lorsqu'il transforme la métaphore en vérité objective, ce qu'elle ne saurait être.

Dirons-nous assez que le rôle de l'adulte auprès de l'enfant n'est pas de lui inculquer le spirituel mais de lui rendre possible l'accès au spirituel ? Il s'agit moins de parler, de discourir que de préparer l'espace qu'il apprendra à habiter. Cet espace est celui du calme, du silence, de l'attente paisible, d'une certaine contemplation. De cela l'enfant est capable si nous le prenons par la main, si nous évitons de le bousculer, de le traîner d'activité en activité ou de lui offrir sans cesse ces distractions qui bourrent le temps et encombrent l'espace intérieur.

Il s'agit aussi pour l'adulte proche de l'enfant d'être attentif à ses questionnements fondamentaux. D'être vrai dans les réponses à apporter. Michaël demande, la bouche pleine en mastiquant une banane : « Et toi tu crois qu'il existe, Dieu ? » Cependant que Rose interroge : « Où j'étais quand j'étais pas née, même pas dans ton ventre ? Tu crois que j'étais au ciel ? » Être vrai, ce sera dire, avec nos maladresses, ce que nous pensons et croyons. Avec nos mots nous disons nos incertitudes, nos espérances et même nos doutes quand nous en avons. À condition que soyons justes, authentiques. Prêts à faire le chemin avec l'enfant qu'ensemble nous découvrirons.

Notre accompagnement juste peut permettre à l'enfant d'entrer dans la « nomination » de ce qu'il vit, d'enrichir son expérience, d'aller plus loin. « La mer, le ciel, non ça n'est pas Dieu. Mais moi ça m'aide à penser à Dieu. » Ou, pour celui qui ne peut nommer Dieu : « La mer, le ciel si grands, si loin, ça me fait penser à tout ce qui est bien plus que moi, ça me donne envie d'admirer et de dire merci, je ne sais pas à qui… mais merci quand même », « ça me donne envie de regarder, de penser, d'écouter ».

L'adulte et la communauté croyante et priante peuvent jouer ce rôle pour l'enfant. Ainsi Julie, huit ans, dit combien elle aime à l'occasion de certaines fêtes aller à l'église entendre la musique, quelquefois chanter : « Il y a des fleurs blanches et ça sent bon, alors moi je reste un petit moment comme ça, et je dis "merci mon Dieu". »

Et pourtant, que de difficultés, selon les catéchètes, pour obtenir un moment de silence où l'on priera ensemble ! Ou, selon les éducateurs et les professeurs, pour se préparer à une activité, qu'il s'agisse de l'écoute d'une explication, d'une lecture, d'une musique différente de celles dont nos enfants se saoulent ! Ces difficultés ne seraient-elles pas accrues par l'habitude qui a été prise de changer sans cesse d'activité « parce que les enfants sont instables et ne peuvent pas s'attarder à la même chose plus de dix minutes » ? Ce faisant, nous les confortons dans leur difficulté à se concentrer en leur donnant notre accord. Les enfants qui viennent en psychothérapie sont généralement agités et instables. Je ne cède pas à cette instabilité. Je leur propose d'apprendre à ne pas se précipiter sur la corbeille des peluches ou des marionnettes pour aussitôt tout rejeter. Je dis : « Tu regardes tout : les peluches, les animaux, la peinture et les feutres, le chevalet… tu prends ton temps… et tu décides de quoi tu vas te servir pour dire ce que tu as à dire. »

Quel rapport avec la spiritualité ? Un rapport essentiel : l'apprentissage du calme qui conduit à l'intériorité, à la familiarité avec la vie intérieure, calme au sein duquel peut se développer ce travail inducteur de spiritualité.

Ici encore l'adulte a un rôle important et avec lui la communauté croyante lorsqu'elle existe : l'enfant fait confiance à son père, à sa mère et aux adultes qui remplissent pour lui un rôle proche. Que l'adulte entraîne l'enfant avec respect dans une démarche, un moment de vie spirituelle partagée, cela peut être un moment précieux pour l'enfant. « J'aimais bien quand on est allé faire un voyage. Y avait un truc, un cloître. Papa m'a raconté pourquoi les gens l'ont fait. Maman m'a dit : “On va faire dix minutes comme ils faisaient, les moines", alors on a marché tout doucement l'un derrière l'autre. Au début j'avais envie de rire. Après c'était… ah ! C'était bien !… toujours je m'en souviendrai. »

Comme peut-être ils se souviendront toujours de leur professeur, ces enfants à qui il apprenait à faire *zazen** avant que commence le cours. « Ils aiment ça, dit-il ! Ils le réclament. » Mais peut-être aussi se souviendront-ils qu'ils ont vécu à cette occasion une expérience exceptionnelle, en groupe, de concentration et de silence pour, ensemble, se défaire des attachements superficiels.

Le groupe d'enfants, aidé par l'adulte, découvre cette marche vers l'intériorité qui permettra l'expérience du spirituel. Apprendre aux enfants à se taire pour écouter la nuit ; à faire silence avant de chanter ensemble pour que ce soit beau, apprendre à se parler doucement ; à se taire pour permettre à chacun de s'approcher de soi-même sans rien dire, pour peut-être ensuite se dire ce qu'on a pensé ; dans un groupe croyant, prier ensemble.

Des images et des expériences qui demeurent[2]

J'ai largement développé l'importance du langage métaphorique naturel à l'enfant, qui le mène

* « Faire *zazen* » consiste, dans le bouddhisme zen, à méditer en position assise.

au seuil de ce qui pourra devenir expérience du spirituel. J'ai dit aussi le rôle de l'adulte qui l'entraîne, l'aide à nommer, partage avec lui ce qu'il vit, au risque parfois de le fixer dans quelque contresens, mais aussi lui permettant d'entrer réellement dans la dimension spirituelle.

Ces images, ces émotions, ces illuminations demeurent dans la vie de l'adulte. Elles sont appelées à jouer des rôles différents au long du développement de l'enfant puis de l'adolescent et enfin de l'adulte qu'il est devenu. Cet adulte garde une immense nostalgie du temps où sa vie spirituelle était riche et chaleureuse. « Et pourtant, dit cet homme, je n'arrive plus à y croire ; c'était merveilleux. Trop merveilleux, peut-être, magique. Cela ne colle plus avec ma vie, mes intérêts d'aujourd'hui. Avec le monde cruel où nous vivons. » Mais tel autre dit qu'il garde en lui « cette adoration que j'ai connue quand j'étais enfant ». Une jeune femme dit qu'après la longue traversée d'un « désert spirituel lié à trop d'activité professionnelle et amoureuse », maintenant qu'elle se pose, après une crise, elle retrouve « des petits coins de cette tranquillité d'âme d'avant ». Intacts. Simplement, « autrefois c'était lié aux cérémonies à l'église, aux prières avec les autres. Maintenant, c'est seule avec moi, et peut-être avec Dieu ».

Le Dieu de notre enfance, l'élan spirituel qui nous a animés, voici qu'adultes nous le retrouvons. Parfois fixé dans les images inacceptables d'une toute-puissance écrasante, terrifiante, qui révolte l'adulte ; mais aussi qui peut lui poser la question exigeante de sa signification, de son évolution possible. Parfois dans des images quelque peu bêtifiantes à force de naïveté, et qui pourtant sont une invitation à l'approfondissement tant elles apportent de paix.

Parfois aussi, ce Dieu de l'enfance qui a été vécu dans la tendresse, la confiance et l'amour a joué le rôle de refuge et de source vivifiante tout à la fois ; et c'est cela qui demeure au long du temps. Au cœur des vécus anciens, c'est souvent le réveil des visages de Dieu que l'enfant a fixés et auxquels se substitue progressivement un Dieu sans visage, une contemplation sans images. La symbolique première s'épure et laisse place à l'Esprit.

La spiritualité de l'enfant trisomique

Michèle Trellu

Je me propose d'élargir le sujet à ceux et celles qui ont gardé un cœur d'enfant, victimes d'un handicap freinant ou limitant leur évolution intellectuelle. Il existe des points communs entre la spiritualité de l'enfant sain et celle de l'enfant trisomique : par exemple, la familiarité avec le mystère et l'invisible, la spontanéité, la quête d'amour, la confiance inconditionnelle, le besoin de donner sens et vie au monde environnant. Mais quelques dissemblances peuvent être relevées : l'enfant sain, avide de découvertes, grandit, puisant dans toutes ses potentialités ; il espère rivaliser un jour avec les adultes. L'enfant handicapé mental, au contraire, garde un comportement infantile toute sa vie ; il est en général conscient de sa différence, souffrant plus ou moins du rejet qu'il perçoit autour de lui, bloqué dans un état qui le limite, où l'espérance ne peut venir que du changement du regard d'autrui.

Toute personne est une histoire sacrée

Toute vie est habitée par un Souffle, qui la dépasse et l'anime. C'est, je pense, la leçon que me donnait cet enfant trisomique qui me grondait, moi, médecin de rééducation, alors que j'étais en train de mobiliser un peu trop vigoureusement un de ses compagnons très handicapés : « Fais attention toi, il y a quelqu'un dedans ! », me dit-il. Cette recommandation lumineuse a résonné comme un écho à la phrase de l'apôtre Paul : « Nous portons un trésor dans des vases d'argile. » Elle ne m'a plus quittée, car chaque personne porte en elle un témoignage unique, reflète un des visages de Dieu. L'enfant handicapé a quelque chose à dire, quelque chose de particulier, de l'ordre de l'humilité, de la tendresse, du cœur à cœur, de la simplicité et du dépouillement. Il est au centre des Béatitudes. Cependant, si je parle d'enfant trisomique, c'est parce que cela évoque un type de handicap mental connu, mais le cœur à cœur avec Dieu ou avec celui qui souffre n'est pas lié à la spécificité du handicap.

J'ai souvent perçu chez l'enfant handicapé la conscience de son désavantage, de la déception qu'il occasionnait à ses parents et ses éducateurs, le chagrin qu'il en ressentait, son sentiment de petitesse, et sa faim d'amour malgré tout… N'est-ce pas le chemin que chacun est appelé à parcourir pour accueillir l'Amour du Christ – se reconnaître d'abord tout petit, imparfait et humble, pour mieux s'émerveiller du don sans limite qui lui est fait alors ?

Je voudrais évoquer, d'une part, la spiritualité de ces enfants différents et, d'autre part, l'effet boomerang qu'ils déclenchent auprès de leurs proches, qu'ils transforment et rendent également différents, les ouvrant à des valeurs authentiques : « Notre vie a pris une densité qu'elle n'aurait jamais eue autrement », dit le père de N. Il m'est arrivé d'annoncer à des parents la probabilité d'un retard intellectuel, et d'ajouter : « Lorsqu'un sens est déficient, un autre sens va se développer pour compenser le handicap sensoriel. Cela est connu pour les malvoyants et les malentendants. Soyez confiants, lorsque les performances intellectuelles sont déficientes, c'est l'intelligence du cœur qui va suppléer au raisonnement. Vous verrez que c'est nous qui sommes souvent handicapés à côté d'eux dans nos relations affectives et qu'ils sont nos professeurs en amour ; votre enfant différent pourra développer des capacités hors du commun de tendresse, de compassion, de proximité… »

Des dons sont attribués à ces enfants dans leur berceau, comme dans le conte de Perrault où de bonnes fées ont succédé à celle qui avait porté une malédiction. Il ne s'agit pas d'être angélique et d'idéaliser l'enfant ayant un handicap mental. Il est capable de colère, de sentiments de frustration, d'enfermement, d'automutilation et même de violence, mais il s'agit simplement de reconnaître qu'il possède un autre véhicule que la parole et l'intelligence pour se déplacer dans le monde de la relation à l'autre et à Dieu. C'est à ceux qui vivent au quotidien avec des enfants trisomiques qu'il faut donner la parole, pour percevoir le souffle divin dans la vie de l'enfant handicapé, la reconnaissance d'une présence d'Amour qui a du poids et du prix dans leur vie, malgré les nombreux problèmes rencontrés.

Quelques témoignages

Reprenant la parole de Jésus, Benoît qui travaille dans l'Arche de Jean Vanier* s'exprime ainsi : « "Laissez venir à moi les petits enfants, le royaume des cieux est à ceux qui leur ressemblent." J'aimerais parler du jeune Mickaël (porteur de trisomie 21) avec qui je partage beaucoup de temps ; je travaille le bois tous les jours avec lui ; nous avons aussi souvent l'occasion de prier ensemble. Trois choses me touchent particulièrement dans sa per-

* Il y a quarante-deux ans, le Canadien Jean Vanier a fondé des communautés d'hommes et de femmes qui partagent une vie fraternelle avec des personnes handicapées mentales, aidées par de jeunes volontaires du monde entier. Ces communautés baptisées « l'Arche » sont aujourd'hui au nombre de 124 dans 30 pays différents.

sonne profonde, dans son être spirituel – dons que l'on retrouve chez beaucoup de personnes ayant un handicap, et chez les enfants :

La disponibilité du cœur

Le cœur de Mickaël n'est pas encombré par tout ce qui fabrique les résistances à l'Amour : l'intelligence au service de soi et de l'orgueil, la raison et la rancune (Mickaël ne gardera jamais longtemps une rancœur à l'égard de quelqu'un). Un cœur disponible est plus apte à recevoir et à reconnaître l'Amour de Dieu.

La liberté intérieure

Mickaël a une très belle façon de prier. L'intellectuel est handicapé dans la prière car il a du mal à arrêter sa tête pour laisser parler son cœur. Or, qu'est-ce que la prière, sinon un cœur à cœur ? Mickaël prie beaucoup pour les personnes qui l'entourent, ses amis proches, sa famille. Il « porte » souvent les personnes qui souffrent. Dans des moments de recueillement, beaucoup de personnes en situation de handicap parlent de personnes de leur famille ou d'amis qui sont morts. C'est parfois excessif et cela peut paraître un peu théâtral. Mais c'est tout à fait juste et bon de rejoindre ceux qui nous manquent dans ces moments de communion avec Dieu. Je pense aussi à un jeune servant de messe qui, un jour, pendant la prière eucharistique, va arroser les fleurs autour de l'autel avec le reste de l'eau qui n'a pas été « mêlée au vin* » ou encore à Maxime qui utilise son tam-tam après la consécration car, ce jour-là, il n'y a pas la petite clochette habituelle. Ces paroles et ces gestes très spontanés qui viennent du cœur sont très vivifiants dans nos assemblées. Ils nous rappellent que l'Esprit souffle où il veut et agit particulièrement dans un cœur libre.

La compassion

Je découvre le don de compassion de Mickaël. S'il sent que la personne à côté de lui est dans un moment de fragilité, toute son énergie va se tourner vers elle. Il aura beaucoup de tendresse envers elle. Il posera facilement son bras sur son épaule et cherchera des mots doux pour lui dire de ne pas s'en faire. Il était à Lourdes, il y a peu de temps : on m'a raconté toute la tendresse qu'il avait pour s'occuper des personnes âgées en fauteuil roulant. Il était très attentif à leurs besoins. La vraie compassion, celle qui libère l'autre, écoute, soulage et reste fidèle, n'est-elle pas don de l'Esprit ? Je suis privilégié de découvrir les dons de Mickaël grâce à

---

* L'eau mêlée au vin, dans le rite liturgique de tradition catholique, figure notre humanité unie à la divinité. Dans les premiers récits de la messe de saint Justin (cent cinquante ans après J.-C.), on lit : « On présente les dons à l'eucharistie : du pain, du vin et de l'eau. » Vraisemblablement, les orthodoxes ont conservé ce rite dans leur tradition.

notre vie en communauté. Beaucoup de personnes comme lui ont des dons que personne n'accueille. Notre ville, nos lieux de travail, nos Églises en ont pourtant tellement besoin. »

Ce témoignage rejoint les expériences de ceux et celles qui vivent auprès de jeunes trisomiques, trouvant près de ces enfants une spiritualité en éveil qui allie fraîcheur d'âme, spontanéité, ferveur, et adoration. « C'est comme si, dit une maman, mon fils handicapé était en ligne directe avec son Créateur ; cette ligne directe, qui ne passe pas par l'intellect, n'est pas parasitée par le raisonnement, ni encombrée par des codes sociaux ou des barrières à la fraternité. »

Une jeune trisomique de 16 ans (Nathalie N.) a écrit un recueil de poèmes qui se termine ainsi : « Parfois, je trouve les soi-disant bien-portants bien plus handicapés que moi ! » Un de ses poèmes parle de son chemin :

Je vois un chemin
Parmi la foule, la vie des autres
Dans ma tête
Et je vais droit devant

Je suis ce chemin
Qui m'emmène vers le bonheur !
Malgré tant de malheurs
Que j'ai sur le dos !

Une fois que je serai arrivée au but
Je hisserai le drapeau blanc de la paix
Et je boirai, pour moi seule, le champagne
Mais pour l'instant, je prends simplement
Mon chemin…

« Mon enfant trisomique est capable de silence, dit une autre maman. Il se concentre sur la bougie allumée, se recueille et vit des moments intenses qui illuminent son visage. Très priant, il paraît alors vivre entre ciel et terre, comme s'il voyait les choses d'un peu plus haut que nous. Il revient de la communion, un sourire jusqu'aux oreilles, porteur d'une joie profonde qui étonne les paroissiens. » « Comme votre fils a l'air heureux », me dit-on alors. « C'est comme s'il était habité, comme s'il n'y avait pas d'obstacle entre lui et Dieu, comme s'il était connecté, sans parole, de manière silencieuse et dépouillée, trouvant refuge dans le cœur de Dieu qui lui répond en écho. »

L'enfant trisomique a une capacité d'accueillir sans discrimination, une disponibilité à la différence : qu'il soit face à une personne de couleur, une personne en fauteuil roulant ou une autre, il est en fraternité complète, sans être encombré de préjugés, de gêne, et sa familiarité, si elle est acceptée, fait fondre la glace, facilite l'échange. A-t-il une conscience de lui si dévalorisée, qu'il ne se sente supérieur à personne ? Est-ce une délicatesse innée, une simplicité dans les relations humaines, une ouverture à l'autre, sans calcul ni comparaison ? Là encore, dans ce domaine, il est un maître dans l'apprentissage de l'Amour sans condition. N'étant pas encombré par le raisonnement, les codes sociaux et autres conventions, il va droit son chemin vers l'autre, armé de sa seule envie de communiquer, d'être accepté, reconnu comme humain, et aimé. Ce côté naturel surprend et déroute – certaines personnes trop rigides ne peuvent pas le recevoir – mais dans l'ensemble cela adoucit les relations humaines. Ainsi André serre la main aux vendeurs dans les magasins, ce qui provoque sourire, détente et gentillesse, une certaine liberté aussi. On respire différemment. La grâce ?

Ces enfants déroutent l'entourage, l'obligent à changer de chemin !

Une spiritualité qui incite à la conversion

Jean-Pierre ne parle presque pas mais embrasse tout le monde. Nul ne peut expliquer ce qu'il produit : il fait fondre la glace, baisser la garde et déverrouille les personnes les plus endurcies, pour les vêtir de douceur et de tendresse. Il décadenasse les cœurs de ceux qu'il approche. Des interactions sont à l'œuvre entre les personnes valides et ces enfants différents, qui savent éveiller la générosité, réveiller la joie et la simplicité. La maman de

Denis raconte comment, étant allée acheter des chaussures avec son fils porteur de trisomie 21, elle a rencontré une vendeuse au visage fatigué et triste qui, à la suite de l'essayage des souliers et du dialogue avec l'enfant, s'est relevée rayonnante et complice, pour saluer de la main, lors de la sortie, son jeune client handicapé : cet enfant peut permettre à autrui de s'éveiller, d'exister, de sortir du carcan conventionnel qui l'étouffe.

Si, par eugénisme, on supprimait les enfants différents de la norme, il manquerait ce côté humain à la société. Ils contribuent à apporter un équilibre entre les forces productives, rationnelles, efficaces, et les forces d'humilité, de gratuité, de retour aux valeurs d'enfance.

Le message de spontanéité, de joie, de chaleur humaine qu'ils portent, est un baume sur le cœur de ceux qui savent le reconnaître. Ceux-ci s'éveillent alors au respect de la différence, et à sa valeur comme diversité des dons de Dieu. Je n'oserais émettre ces affirmations si elles ne recoupaient pas les paroles de parents et d'éducateurs qui vivent auprès de ces enfants au quotidien.

Des familles qui découvrent avec désespoir le handicap de leur enfant, à la naissance ou au cours des premières années, revues plusieurs années après, témoignent que, malgré les difficultés réelles, elles vivent maintenant comme une bénédiction cette blessure qui a ouvert une béance dans leur vie, par où s'est engouffré un cadeau spirituel, une richesse insoupçonnée, un appel à la confiance : « Votre seule force sera de me faire confiance » (Is 30,15). La présence de Dieu au cœur de l'épreuve leur a révélé une fraternité nouvelle avec ce qui les entoure, une tendresse pour toute forme de vie, une grande patience et un apaisement qui, semble-t-il, rayonnent autour d'eux. « Les vrais amis se révèlent, les faux amis s'éloignent ; nous apprenons à vivre au jour le jour, à être dans l'instant présent et à savourer les petits bonheurs quotidiens, les épreuves surmontées par notre enfant, sa joie de progresser. » « Ce regard nouveau nous a transformés, et nous ne sommes plus soucieux du paraître », disent les parents de Denis. « Nous cherchons des relations vraies, simples, et nous nous contentons de peu pour être heureux depuis qu'il est arrivé dans notre famille ; ses frères et sœurs ont aussi évolué ; ils sont souvent décalés par rapport aux valeurs que propose notre société actuelle, mais ils ont grandi en humanité, en profondeur, en authenticité. Ils ont certainement mûri, même si ce n'est pas toujours facile. »

L'enfant trisomique est porteur d'un message spirituel qui souvent ne passe pas par la parole mais par le langage non-verbal. La fraîcheur de son âme est comme une source désaltérante pour notre société assoiffée, qui confond bonheur et possession. La liberté intérieure qui l'anime fait sauter les verrous des rigidités qui nous cloisonnent. Sa spiritualité très particulière, à lui qui sans doute n'a pas mangé le fruit de l'arbre de la connaissance du Bien et du Mal, est faite de non savoir et redonne valeur au tout petit, au ravi, à l'humble, à celui qui pardonne toujours et se contente de la dernière place.

*Incarnatus est**

Pour conclure, voici quelques expériences de ce renouveau qu'entraîne le partage de vie avec nos semblables trisomiques. Nous sommes invités à un mariage de deux jeunes éducateurs sympathiques donnant de leur temps et de leur affection aux personnes handicapées qui ont, bien entendu, été invitées à leurs noces. Dans la population endimanchée de ce jour festif, de nombreux jeunes handicapés mentaux ou inadaptés psychiques arrivent joyeusement pour cette journée où ils se savent accueillis et aimés tels qu'ils sont. Ils participeront tout à l'heure à la procession des offrandes, portant fleurs, pain et vin, sac à dos et guitare, tout ce qui fait la joie de vivre de ces jeunes qui s'engagent devant Dieu. La célébration débute dans la liesse, les chants, les battements de mains, ambiance proche de celle des assemblées africaines. Lors de la Consécration, l'imprévu se réalise, est bientôt accepté, et même valorisé, car l'esprit souffle où il veut et, en particulier, là où on ne

* « Il s'est incarné. »

l'attend pas. Ce qui pourrait être perçu comme scène dérisoire et profanation se transforme en accueil de la faiblesse humaine et désir de communion, dans une douceur où l'on perçoit le sourire du Père et le clin d'œil de l'Esprit : un jeune trisomique fervent se sent appelé à monter vers l'autel, à se mettre auprès du prêtre et à concélébrer en mimant le prêtre, les différents actes de la messe lui étant apparemment familiers ; son visage est rayonnant, ses gestes appliqués, bien adaptés, effectués avec exagération peut-être, mais avec un tel sérieux, une telle ferveur… Que faire ? Il s'agit d'un mariage tout de même !

L'assemblée s'agite, s'inquiète, sourit, se sent confuse. Personne ne bouge, personne n'intervient. Un ange passe… Ou peut-être est-ce ce Souffle dérangeant qui fait accepter l'imprévu ? Le prêtre, tourné vers l'assemblée, voit sans doute tous ces visages d'hommes, de femmes, d'adolescents, humiliés par une aberration chromosomique, en attente d'un geste de sa part, envers celui qui les représente à l'autel, qui apporte les souffrances de ses semblables et leur adoration à un Dieu qu'ils veulent célébrer, malgré leur handicap. Alors le prêtre ouvre son espace de prière à son frère « mongolien » et lui prend la main pour partager le « Notre Père », accueillant avec sérieux les pauvres gestes magnifiés par le sourire et l'extase de ce « Ravi de la crèche » venu près de Dieu.

Un grand soulagement se fait sentir, car une

remise à l'ordre de cet « illuminé » aurait ruiné l'esprit de charité et contredit l'Agapè – quoi qu'en pensent les puristes de la liturgie. J'avais vu un prêtre, dont les parents étaient sourds, traduire la messe dominicale à la télévision en langage gestuel à l'intention des chrétiens malentendants. Cela me semblait un peu comparable : ce jeune trisomique à l'autel traduisait la messe en gestes sacrés pour ses semblables dont il portait l'épreuve. Il les représentait aux yeux de Dieu. Car qu'est-ce que l'incarnation sinon mettre la beauté du chant de Dieu dans ce qui est humain et singulier ; transposer la mélodie pour un instrument original, tout en respectant la sonorité particulière de cet instrument, même et surtout s'il est différent de ce que l'on rencontre habituellement en orchestre classique ; dire la tendresse de Dieu en termes compréhensibles à l'oreille et à l'intelligence de tout être humain ? Le souvenir d'avoir reçu le corps du Christ des mains de cet « envoyé » trisomique fut une grâce dont je garde encore le sourire au fond de ma mémoire.

Qui peut dire que le jeune ou l'adulte handicapé mental sévère n'est pas habité par le souffle de Dieu ? On peut le voir libéré des inhibitions qui d'ordinaire freinent dans l'orientation des voiles vers le vent du large et la joie. Ainsi, à la messe du samedi soir, dans la petite chapelle de quartier, Jean-Marc assiste fidèlement à la célébration, et l'on ne sait qui de lui ou des participants est relié à l'Esprit saint. Il jubile lors de l'élévation (un peu trop bruyamment, peut-être), il rayonne de ferveur lorsque sa mère le mène par la main vers l'hostie, il rit et fait des signes de la main aux voisins qui osent le regarder et lui répondre par une discrète connivence, par un sourire ou un signe de tête, image d'une communion sans arrière pensée, naïveté d'un enfant en quête de relation, désir de partage de son bonheur, déception devant ceux qui baissent les yeux pour ne pas lui répondre ou ceux, pire, qui lui disent de se tenir tranquille. Pour moi, s'il est absent de cette messe, il manque une présence, une joie, une dimension, un bruit de fond qui accompagne d'un murmure douloureux et confiant l'offrande du Christ pour l'humanité blessée. Et sa mère, gênée par les manifestations sonores et les rires de son fils qui importunent l'assemblée, m'évoque une Piéta souffrante, digne et humble, mieux qu'un tableau de maître ; car elle est incarnée, et cet « *incarnatus est* » est la base de ma foi et de ma confiance en Dieu, présent parmi nous, jusque dans les tout-petits.

La presse éducative, une école de spiritualité pour les enfants

Emmanuelle Rémond-Dalyac

Paroles d'enfants

Vers 7 ou 8 ans, les enfants acquièrent de bonnes capacités de raisonnement. On les voit à l'œuvre dans les questions religieuses et métaphysiques qu'ils se posent. Lorsque j'étais rédactrice en chef du magazine *Grain de Soleil*, nous recevions tous les jours, à la rédaction, ces petites merveilles de questionnement métaphysique, écrites sur la fiche quadrillée que nous avions pris soin de placer dans le magazine, comme un appel au dialogue. Ils la découpaient, écrivaient leur question sans fioriture, d'une grosse écriture encore maladroite et nous l'adressaient, en toute confiance.

« Qui a créé Dieu puisque c'est lui qui a tout fait ? », demandait par exemple Caroline. Une autre, assez similaire, nous arrivait très souvent qui avait le don de me plonger dans la perplexité : « Qui a inventé Dieu ? » Mois après mois, nous conjuguions nos énergies, dans l'équipe, pour aider les enfants à entrer en relation avec un Dieu vivant, et soudain, Il devenait inerte, le produit d'une pure invention. Plus qu'une profession d'athéisme, peut-être faut-il voir dans ces réflexions la part de l'enfant lui-même qui se projette : s'il est né d'un père et d'une mère, eux-mêmes nés de parents, qui existe avant Dieu ? À l'image des couples de l'arche de Noé, la création va toujours deux par deux et Dieu semble ici bien solitaire.

Du côté de l'homme Jésus, les comparaisons avec leur propre situation sont plus naturelles et viennent aussi en foule, de manière anecdotique : « Jésus avait-il des papies et des mamies et comment s'appelaient-ils ? », « Jésus allait-il au catéchisme quand il était petit ? », « Est-ce qu'on fêtait son anniversaire chaque année ? » Je vois dans ces jolies projections d'enfants d'aujourd'hui un authentique attachement à la personne de Jésus. Ils s'y intéressent tant qu'ils voudraient qu'il leur ressemble : « Est-ce que Jésus aurait pu être une fille ? », se demandent même les lectrices, inquiètes de se voir peut-être mises au second rang.

Ils abordent avec grande pertinence les questions les plus essentielles du christianisme qui ont fait couler beaucoup d'encre depuis les origines. Par exemple la virginité de Marie : « Pourquoi la Vierge Marie est-elle vierge ? Elle a eu un bébé, donc un mari ? » ; la rédemption : « Pourquoi, en mourant sur la croix, Jésus nous a-t-il sauvés ? » ;

la trinité : « Est-ce qu'on croit en Jésus-Christ ou en Dieu ? » ; le mystère du salut : « Pourquoi Jésus est mort et ressuscité ? » et celui du mal, exprimé de manière savoureuse : « Si Dieu a créé l'homme à son image, demande Lucile, pourquoi sommes-nous tous un peu méchants ? »

Je suis toujours frappée de voir à quel point ils touchent juste. Là où leur raison se cabre, ils s'arrêtent et réfléchissent, refusant « d'apprendre Dieu » comme une leçon d'histoire ou de mathématiques, obligeant leurs interlocuteurs à plus de réflexion.

« D'où vient Jésus, et Dieu, car tu ne les as pas vus ? », demandait aussi l'un d'entre eux. Ce « tu » c'est leur journal à qui ils font suffisamment confiance pour exprimer leurs doutes. Ils ont bien conscience que nous ne sommes pas des témoins directs de la venue du Christ sur terre, puisqu'ils peuvent, à cet âge, situer le Jésus terrestre dans l'échelle du temps. Si l'équipe éditoriale n'a pas vu Jésus, c'est qu'elle tient cette connaissance d'un autre, ou bien qu'elle se trompe et même que tout le monde se trompe ! « Vous êtes sûrs que c'est vrai, le catéchisme ? » demande un sceptique, évoluant, comme tous les enfants d'aujourd'hui dans un monde ouvert, où croyants de diverses religions, agnostiques et athées se rencontrent dès la cour de récréation. Ce sont aussi les familles d'origine, au sein desquelles les croyances ne sont plus monolithiques, qui exercent très rapidement les enfants à la pratique du doute systématique bien avant l'âge de la remise en cause adolescente.

Beaucoup d'entre eux témoignent également d'une vie spirituelle authentique avec ses moments d'abattement : « Pourquoi Dieu ne répond-il pas quand on en a besoin ? », ses moments de grâce : « Une fois, j'ai eu l'impression de sentir Dieu pendant que je dormais », un désir missionnaire : « Tu ne pourrais pas me donner deux ou trois trucs pour que ma copine croie en Dieu ? » ou une grande discrétion assumée : « Moi, je ne dis jamais que je crois en Dieu. Mais l'important, c'est que je crois en Dieu. » Autant de questions, autant de professions de foi étonnantes, de doutes pertinents ou parfois déchirants : « Maman a été très malade, nous avons beaucoup prié mais elle est morte. »

Faire droit à ces questions, c'est les aider à se construire, c'est aussi débusquer bien des fausses images de Dieu. J'en ai vu, beaucoup, hélas, de quoi alimenter grassement l'athéisme des prochaines années. Il y a le Dieu sadique : « Pourquoi Jésus a-t-il voulu que mon papa meure ? », le Dieu surveillant général : « Même si Dieu n'exauce pas mes prières, je sais qu'il est là et qu'il me surveille », le Dieu père Fouettard : « Dieu nous punit quand on a fait une bêtise et nous récompense quand on est gentil », le Dieu-magicien : « Pourquoi Dieu n'arrête-t-il pas la guerre ? » Longtemps, je m'en suis voulue de les recevoir, ces questions tordues qui soulignaient notre incompétence éditoriale ou l'irresponsabilité de responsables pastoraux. Jusqu'au jour où je compris qu'elles exprimaient notre part d'humanité, prompte à transformer en petits calculs comptables l'amour inconditionnel de Dieu, ou à projeter sur lui nos fantasmes de domination. Adultes ou enfants, Dieu n'a jamais fini de nous éduquer !

Du côté de la presse éducative

La presse éducative française est née entre les deux guerres, opposant deux presses militantes, laïque et catholique, dans un climat de rivalité propre à l'époque. Dans les années 60, la hausse du niveau de vie, jointe à l'attention croissante portée à chaque enfant, favorisa l'émergence de nouveaux titres. C'est dans ce contexte que le groupe Bayard, fondé en 1873 par la congrégation religieuse des Augustins de l'Assomption, décida de lancer, en 1966, un magazine destiné aux petits enfants de 3 à 7 ans et à leurs parents : *Pomme d'Api*. Le succès fut tel que de nombreux titres furent créés pour toutes les tranches d'âge, qui portent, en 2008, à 21 le nombre de publications s'adressant à la jeunesse, et fait du groupe Bayard le premier éditeur de presse éducative en France.

Deux titres visent explicitement l'éducation spirituelle des enfants : *Pomme d'Api Soleil* qui s'adresse aux enfants de 3 à 7 ans, et *Filotéo* (successeur de *Grain de Soleil*, lancé en 1988) pour les 8-13 ans, créés respectivement en 1995 et en 2005[1]. C'est d'eux qu'il sera ici question, sans oublier qu'ils ont partie liée avec les autres magazines du groupe de presse, héritant des mêmes intuitions et savoir-faire.

Leur apparition tardive dans la gamme des titres de Bayard reflète mal, en effet, les options éducatives de l'éditeur. Des pages dites d'« éveil religieux » existaient dès la création des premiers magazines. Mais les parents désertèrent progressivement les rangs de l'Église catholique, dans ce mouvement de déchristianisation caractéristique de l'Europe occidentale. Dans les années 80, le groupe Bayard créa donc, pour les parents chrétiens devenus minoritaires, des journaux de spiritualité qui déploient tout le potentiel contenu autrefois dans quelques pages. « La contrainte sociale et économique nous a rendu créatifs », reconnaît Mijo Beccaria, ancienne directrice générale de Bayard presse, qui fut longtemps en charge de la presse jeunesse. « Nous avons dû nous adapter sans jamais quitter notre intuition fondamentale, celle que chaque enfant est porteur d'une forte interrogation métaphysique le rendant réceptif à l'Évangile. » « Il s'agit de favoriser, chez l'enfant, un rapport avec l'arrière-monde », lui fait écho Pascal Ruffenach, l'actuel directeur de Bayard Jeunesse. Dans la réalité de l'enfant, quelque chose est à l'œuvre que chacun peut percevoir, pourvu que l'on éduque, chez lui, cette disposition du cœur et de l'esprit[2].

Différents moyens ont été mis en œuvre dans ce but, dans *Pomme d'Api Soleil* comme dans *Filotéo*. Ils sont portés par une même vigilance : être au plus près de la vie réelle de l'enfant, tant dans son environnement familial et social que dans son développement cognitif. Respecter ce qu'il est pour lui faire découvrir le mystère qui l'habite, c'est dans ce mouvement dialectique qui anime chaque équipe de rédaction, qu'est mise en œuvre une authentique démarche d'éveil spirituel.

Pomme d'Api Soleil

« Les grandes questions et l'éveil à la foi des tout-petits », telle est la signature éditoriale de ce petit magazine de trente-six pages, en couleurs, qui comporte six numéros par an, chacun déclinant, au fil de ses rubriques, l'une de ces fameuses « grandes questions » d'enfant : « C'est pas juste ! » s'exclame par exemple une petite fille mécontente, les mains sur les hanches, en couverture de l'un d'eux[3]. « Qu'est-ce qui est juste et qu'est-ce qui ne l'est pas ? » lui fait écho le sous-titre. « Pourquoi on est un peu méchant, un peu gentil[4] ? » s'interroge, dans un autre numéro, un petit bonhomme tenant un cœur noir dans une main, et rouge dans l'autre. Glanées par l'équipe de rédaction au fil de leurs rencontres avec des enfants, envoyées par les parents, ces authentiques questions d'enfants constituent le point de départ de la construction du numéro. La réponse à la question, ou plutôt son développement au fil des pages, édifie avec minutie, pour le lecteur, un espace spirituel. « Ces questions de sens, ce sont d'elles que les enfants ont besoin pour éclairer leur vie du moment, écrit Marie-Agnès Gaudrat, directrice de la rédaction. Ce sont des petites parenthèses qui permettent aux enfants de sentir un sol sous leurs pieds et de grandir en sachant que la vie n'est pas qu'une course à l'efficacité[5] », poursuit-elle à l'adresse des parents. Le journal s'ouvre par le récit de l'événement ayant fait jaillir la question et s'achève par une prière, celle qui, au cœur de soi-même, donne accès au Tout Autre. Ces étapes sont exprimées de manière journalistique par des rubriques que nous suivrons au fil des pages pour mieux mettre en lumière la structure de l'ensemble.

Dans la première étape, le lecteur commence par découvrir des images commentées de la vie quotidienne mettant en scène la question – véritables prolégomènes à l'interrogation métaphysique qui ne surgit jamais de nulle part. Chaque scénario exprime avec simplicité la réalité d'un petit enfant qui vit en France : dans le numéro de février, il neige ; en août, une famille se baigne à la plage. Les familles reflètent aussi la réalité sociale d'aujourd'hui, en comptant rarement plus de deux enfants. Mais ils en vivent, des aventures, du haut de leur petite taille ! « Ces héros miroirs permettent à l'enfant de prendre conscience de lui-même, comme sujet de son histoire », explique Mijo Beccaria. Il rend possible le retour sur soi en rendant à l'événement minuscule, qui fait la trame des jours, la possibilité de se dire : « Qu'est-ce que je ressens ? Qu'est-ce qui me fait du bien ou du mal[6] ? » C'est ce qui arrive, par exemple, à l'héroïne Sophie dans une dispute fraternelle, combien classique : son petit frère prend son ordinateur portatif, Sophie se fâche, le petit frère pleure, le père intervient et confisque l'objet de la dispute. « Sophie est révoltée », dit le texte. « Mais c'est pas juste ! j'ai rien fait[7] ! » C'est cette émotion, légitime, du sentiment d'injustice sur laquelle le magazine invite à réfléchir, en restant dans un cadre familier à l'enfant. Deux pages plus loin, Sophie discute de l'événement avec sa mère. Elles sont l'une et l'autre représentées d'une manière différente, sur une grande image bicolore : cette bichromie, ainsi que le nouveau format d'image invite l'enfant à changer de registre, en passant à l'étape indispensable à toute vie spirituelle que constitue la relecture d'un événement.

Celle-ci se fait toujours en présence du père ou de la mère, le magazine s'adressant à l'enfant par la voix de ses parents, au sens métaphorique puisqu'il s'agit des parents du petit héros de papier. Car ces enfants qui ne sont pas encore des lecteurs autonomes lisent *Pomme d'Api Soleil* avec leurs parents, sur leurs genoux, dans une lecture

« à quatre mains » qui les enveloppe d'une chaude protection. Rassurés par ce cadre, ils peuvent s'aventurer dans un questionnement qui dérange. Sophie découvre ainsi que son père, dont elle attend aide et protection, peut agir de manière injuste envers elle. Sa mère ne cherche ni à nier l'événement, ni à accabler son conjoint : « Je comprends, ma chérie, que tu sois fâchée[8] », déclare-t-elle posément. Voilà la petite fille rassurée de voir son émotion légitimée. « Quand on a l'impression de subir une injustice, on a souvent une grosse colère qui gronde à l'intérieur[9] », dit la légende.

Plus loin, c'est Théo, le petit frère, qui exprime à son tour son sentiment d'injustice : il n'a pas d'ordinateur, lui ! Pour l'aider à sortir de la tyrannie du désir mimétique, une image présente avec humour la différence entre équité et égalité : sous une pluie battante, un chat fait grise mine tandis qu'une grenouille danse de joie. « Le plus juste, c'est d'avoir tout comme son voisin ou d'avoir ce qui nous convient[10] ? », interroge *Pomme d'Api Soleil*. Le texte, bien rythmé, fonctionne comme une comptine, facile à mémoriser pour un enfant. Le langage devient pour lui le moyen d'affiner sa perception de l'existence et pose les premiers jalons d'une conscience morale. Dans le magazine, des petits jeux tests encouragent d'ailleurs l'enfant à poser des mots justes sur des situations qu'on lui présente. L'aider à enrichir son vocabulaire, c'est le faire sortir d'une confusion des sentiments, fréquente à cet âge, et source de bien des tourments.

Cette parole travaillée et riche de sens sert de porte d'entrée au récit biblique qui est illustré par un dessin aux couleurs vives, avec des personnages situés dans le temps évoquant un univers différent. L'enfant sera invité à la méditer, dans les pages suivantes, pour recevoir la tradition chrétienne dans l'actualité de sa vie et non la figer dans une belle histoire souvent énigmatique. Ainsi le petit enfant comprend, dès son premier contact avec la Bible, que la parole de Dieu interroge. Puis, une nouvelle bande dessinée met en scène le petit « héros miroir » et l'un de ses parents qui réfléchissent ensemble à l'Évangile. Ce parent-là est vraiment exemplaire, joignant une connaissance fine du texte biblique à la simplicité des termes employés de manière à apporter des réponses claires aux questions de l'enfant – toute une équipe éditoriale et des conseillers sont passés par là ! Cette vision idyllique du parent n'exprime aucune idéologie naïve de la part de la rédaction. Elle correspond au rôle que les parents tiennent auprès d'un tout-petit. Il compte sur eux, avec une confiance illimitée, pour déchiffrer le monde. Ils sont les indispensables médiateurs de sa croissance psychique et spirituelle. Le magazine endosse naturellement leur rôle quand il s'adresse à ses lecteurs.

Ayant exploré sa vie quotidienne, et les émotions qu'elle suscite, ayant appris à les nommer et à y réfléchir, ayant découvert que la Bible en parle et peut l'aider à grandir, le petit enfant est prêt à habiter son espace intérieur. *Pomme d'Api Soleil* l'y invite, dans ses dernières pages, avec de grandes images qui créent un espace de repos, propice à la contemplation. Elles évoquent à nouveau la vie quotidienne, non plus à la manière du récit trépidant des premières pages, mais comme un moment précieux, dont on parle avec gravité ou tendresse, et toujours avec poésie. « Mon cœur m'a piqué comme les épines des rosiers[11] », « J'ai cogné mon œuf tout doucement, laissé glisser le blanc transparent[12]… ». L'enfant est prêt pour descendre encore davantage en lui-même et y trouver Dieu. Tournant encore la page, il trouve une prière qui conclut l'exploration du thème et l'ouvre à la présence divine.

En commençant par revivre avec un tout-petit sa vie la plus banale, *Pomme d'Api Soleil* le conduit à entrer dans une dimension spirituelle. Le texte et l'image créent cette distanciation nécessaire qui donne du relief à l'événement, même le plus minuscule. La présence bienveillante des parents sécurise l'enfant, les jeux qui perfectionnent son vocabulaire l'aident à mettre des mots sur l'événement, l'image l'invite à la contemplation. Dieu se révèle dans cet espace intérieur, non de façon péremptoire, comme une proclamation stérile, mais comme une Parole prête à féconder une terre bien préparée.

Filotéo

À l'école primaire, l'enfant perfectionne ses apprentissages. Le monde s'ouvre en grand et à toute vitesse dès 8 ans ! « Ce développement se fait malheureusement dans un stress social grandissant, note Pascal Ruffenach. [...] L'environnement culturel est peu propice à l'éveil spirituel[13]. » Des enfants qui courent d'une activité à l'autre ou qui jouent de longues heures sur leurs consoles vidéos sont pris dans une excitation permanente des sens qui ne favorise pas les espaces de calme. *Filotéo*, avec ses 68 pages livrées tous les deux mois, leur propose une expérience radicalement différente, en les faisant entrer dans un silence indispensable à l'écoute intérieure. Contrairement à *Pomme d'Api Soleil* où l'initiation spirituelle se fait par le dialogue avec les parents, les lecteurs de *Filotéo* parcourent silencieusement leur magazine, puisqu'ils sont à présent capables de lire de manière autonome.

Mais ce silence est habité. Les enfants ont besoin de relayeurs pour avancer, et d'abord d'adultes auxquels ils peuvent s'identifier. Ceux-ci les ouvrent à d'autres temps ou espaces : personnages de la Bible, saints d'autrefois, héros d'aujourd'hui, tous sont campés avec vivacité dans des bandes dessinées toujours prisées des enfants. Découvrant un récit scénarisé à la manière d'un dessin animé, les lecteurs suivent facilement le fil de leurs aventures. Ces personnages n'ont pas un chemin tracé d'avance, mais leur vie est exemplaire. Ils nourrissent un besoin d'idéal très fort à l'âge des lecteurs, grâce auquel ceux-ci peuvent se projeter dans leur propre avenir. Dieu habitant l'histoire de ces femmes et de ces hommes, les enfants découvrent aussi que leur propre existence peut être concernée. La tradition chrétienne vient irriguer leur désir de Dieu.

D'autres rubriques sollicitent les lecteurs eux-mêmes : ils donnent leur opinion, apportent un témoignage, en indiquant leur prénom et leur âge, en envoyant leur photo. Ces pairs, c'est-à-dire ces enfants du même âge, représentent les copains des 8-13 ans, avec qui ils nouent de solides amitiés à l'école, avec qui ils débattent et discutent aussi, étant désormais capables de réfléchir de manière complexe. *Filotéo* prend en compte ces capacités nouvelles, en leur faisant commenter eux-mêmes un texte d'Évangile dans une rubrique au titre éloquent : « Sa parole est à vous ». Après avoir longuement rencontré un groupe d'enfants et discuté du texte avec eux, une journaliste de la rédaction transcrit l'essentiel de leurs propos. On y découvre combien la spiritualité de ces enfants s'éveille lorsqu'elle est guidée par un adulte en qui ils ont confiance sans craindre, comme à l'adolescence, le regard des autres : « C'est dur de croire sans preuve », annonce Julie à propos de la visite des femmes au tombeau, au matin de Pâques (Lc 24,

1-10). « Moi je crois que si Dieu a ressuscité Jésus, c'est pour nous dire que l'amour ça fait vivre, même après la mort[14] », conclut Sylvain à la fin du débat. Le rôle de l'adulte, ici la journaliste, devient celui d'un animateur de débats qui suscite un espace de dialogue authentique.

Un dossier thématique qui, avec ses quatorze pages, constitue l'ossature de la revue : « C'est quoi l'amour ? », « Pardonner, est-ce toujours possible ? », « Le mystère de la mort[15] ». Le questionnement existentiel, moral ou métaphysique fait à chaque fois la couverture du numéro. Comme dans *Pomme d'Api Soleil*, le questionnement des enfants sert de fondement à la dynamique spirituelle. Mais les réponses sont apportées à égalité par le magazine et par les enfants, et non plus exclusivement par leurs parents. Une rubrique « C'est vous qui le dites ! » court tout au long du dossier, dans un bandeau placé en pied de page. Il est constitué de témoignages d'enfants qui viennent confirmer ou mettre en perspective les propos de la rédaction.

Ainsi la spiritualité des enfants se développe dans un climat de liberté, respectueux de l'avis de chacun et de l'âge des lecteurs. Ils sont désormais trop grands pour être convaincus par la parole d'un parent, aussi bienveillant soit-il. Ils doivent eux-mêmes se mettre en chemin, en confrontant leurs réponses à celles des autres et à celles de *Filotéo*. Ils y trouveront peut-être la présence de

Dieu. « La peur agit comme un signal d'alarme efficace », énonce par exemple le magazine dans le dossier sur le courage et la peur. « Sans la peur, on ne ressentirait pas le danger, et on prendrait plein de risques », fait écho Ambre, 10 ans. Et le contraire de la peur, qu'est-ce que c'est ? « C'est la confiance, répond Lucile, 10 ans. Parfois, j'ai comme une petite voix qui me pousse à avoir plus confiance en moi ».

Sur la même page, *Filotéo* introduit alors une réflexion sur la vie de Jésus : « Pour surmonter la peur et l'angoisse, il s'est tourné vers la personne en qui il avait le plus confiance : Dieu, son Père[16]. » Comme dans *Pomme d'Api Soleil*, cette référence explicite au Christ arrive après de nombreuses pages de réflexion qui ont permis au lecteur d'explorer ce qui se passe en lui. Le magazine échappe par là à la moralisation de l'Évangile qui serait trop rapidement plaqué sur une situation de vie. Il s'agit plutôt d'une catéchèse, au sens étymologique du terme : la parole de Dieu « fait écho » dans le cœur du lecteur, *Filotéo* agissant comme un révélateur de sens.

Pour toucher le cœur et l'intelligence de ses lecteurs, le magazine a fréquemment recours à l'humour qui permet d'alléger la gravité des sujets et d'exprimer les nouvelles capacités linguistiques des enfants. À l'âge de *Pomme d'Api Soleil*, les enfants apprennent les nuances du vocabulaire. À l'âge de *Filotéo*, ils commencent à jouer avec les mots, y compris ceux qui sont porteurs d'une interrogation spirituelle. « T'es mort ? », interroge un petit bonhomme inquiet dans la double page consacrée à la peur de la mort. – « Non je suis l'homme invisible[17] », répond une bulle de BD sans corps ni tête.

L'humour constitue même la porte d'entrée de la revue. En contrepoint du dossier, une petite bande dessinée, « Les fables d'Ella Fontaine » (un jeu de mots typique de l'âge des lecteurs !), met en scène le sujet. On y retrouve l'écriture en rimes et comptines, déjà présente dans *Pomme d'Api Soleil*, facile à mémoriser. À propos du courage et de la peur, Kiki le brave, un caniche rose qui veut entrer dans la bande des molosses, découvre le courage physique et surtout moral en refusant « d'aller mordre un gosse ». À propos du pardon, Hector, l'hippopotame sans gêne qui a écrasé son ami Eugène, comprend « qu'un pardon vaut mieux que les deux potions "magiques" qu'il a avalées pour retrouver son amitié » dudit Eugène. Et le roi qui voulait devenir éternel finit par être transformé en statue de pierre, « immortel, certes mais pas vivant non plus », conclut Ella Fontaine, la petite souris narratrice des fables, pour inaugurer le dossier sur « Le mystère de la mort[18] ». Avant même de lire le dossier, le lecteur passe par ce sas humoristique qui apporte une distance et creuse l'espace dans lequel prend pied, avec légèreté, la réflexion. Cet humour ne se départit jamais de tendresse pour éviter les risques d'éventuels dénigrements. La petite fille qui se tient victorieusement dans les mâchoires énormes d'un monstre effrayant, sur la couverture du numéro consacré à la peur, caracole quelques pages plus loin sur ce monstre avec tous ses amis. « La confiance permet de se lancer dans de grandes aventures[19] », commente en légende *Filotéo*.

Se déployant sur double page, les grandes images créent une rupture graphique propice à la contemplation. Le rythme de lecture se ralentit. L'image, toujours symbolique, s'attache à expliciter le thème central du dossier, récapitulant visuellement ce qui fut expliqué avec des mots. Le concret des images adoucit l'énonciation souvent abstraite de concepts parfois difficiles à comprendre. Elles frappent aussi l'esprit des lecteurs. N'est-ce pas souvent les images dont nous nous souvenons avec le plus d'acuité quand nous évoquons nos premières lectures d'enfance ? « Il est curieux que tout se soit effacé de ce livre que je lisais et relisais, sauf ces images restées toujours aussi intenses, intactes[20] », constate l'écrivain Nathalie Sarraute en évoquant sa lecture assidue de *La Case de l'Oncle Tom*, à l'âge de 8 ans.

Cette grande réceptivité visuelle de l'enfant structure son imaginaire dont il a aussi besoin pour développer sa spiritualité. Car comment évoquer Dieu, si ce n'est par des images ? Certaines initiatives, dans ce domaine, peuvent se révéler contre-productives. Combien de représentations de Dieu ont été ainsi véhiculées, bloquant net tout élan spirituel ? Dieu le Père à la barbe blanche de Père Noël, Jésus le fils en jeune homme souffreteux, l'Esprit saint en oiseau mystérieux... Lorsque leur dimension symbolique disparaît, elles deviennent incompréhensibles ou ridicules. Certains mots, certaines expressions donnent également lieu à de véritables contresens théologiques. *Pomme d'Api Soleil*, dans son hors-série annuel *Dieu, c'est qui ?* s'attaque à ces représentations perverties du Dieu des chrétiens et propose de nouvelles images, plus justes : face au Dieu magicien qui brandit sa baguette, voici un père qui aide son enfant à cueillir un fruit dans un arbre. « Parfois on imagine que Dieu est une sorte de magicien invisible qui, d'un claquement de doigts, peut tout arranger. Et si Dieu était plutôt comme un papa qui aide son enfant discrètement et qui lui fait confiance ? », interroge le magazine, en contrepoint de ces images.

Filotéo s'applique, quant à lui, à renouveler le genre graphique illustrant l'Évangile pour attirer l'attention de ses lecteurs qui, à cet âge, surtout lorsqu'ils suivent un catéchisme à l'école ou à la paroisse de leur quartier, ont déjà rencontré ces textes. Les personnages à grandes robes et aux mains longilignes que bien des illustrateurs ont copié dans un style proche de l'icône, font place à des personnages plus petits et plus ronds, évoluant dans un décor rempli de détails propres à réjouir les enfants. Lorsqu'il s'agit de paraboles symboliques, le magazine a recours à des photomontages. La diversité graphique se met ainsi au diapason de la pluralité des genres littéraires bibliques (récit, enseignement, conte, poème...), avec pédagogie : plaire et étonner permet d'accrocher l'œil du lecteur et d'éviter la lassitude produite par la répétition des mêmes codes visuels. L'émotion esthétique devient un éveilleur de sens.

Dans le tumulte actuel de la vie des enfants, entre l'école, la garderie, les activités extrascolaires et les jeux vidéos, la presse éducative crée une rupture de rythme bienfaisante : elle instaure pour les tout-petits un tête-à-tête avec leurs parents, pour les plus grands, une mise à l'écart bienfaisante dans le huis clos d'une lecture silencieuse. Elle le fait en s'adaptant au développement cognitif des enfants, à partir de leurs questions morales, existentielles et métaphysiques les plus authentiques. Elle tient aussi compte de leur affectivité : la place des parents pour les tout-petits, la bande de copains pour les plus grands, qui deviennent des vecteurs privilégiés de la communication. En engageant ses lecteurs à une relecture des moments forts de leur vie, en les habituant à se poser des questions, en cherchant avec eux des réponses, en nourrissant leur imaginaire par l'illustration et le récit, elles les aide à construire une intériorité sans laquelle ne peut se dire aucune réalité spirituelle. Au fur et à mesure des numéros, un lien se construit entre l'enfant et son magazine, et pour les plus grands, entre tous les enfants lecteurs. Bien sûr, l'éditeur n'est pas maître de la mise en œuvre de ce projet : les parents des tout-petits donneront-ils un peu de leur temps pour réfléchir avec eux ? Les plus grands auront-ils plaisir à entrer dans ces pages ? Conscient de ces limites, l'éditeur s'applique à créer, par le texte et l'image, un espace communautaire propice à la quête spirituelle. C'est en reconnaissant, dans leur magazine, les questions qui les portent ou la foi qui les habite que les lecteurs pourront, à leur tour, parcourir un chemin avec Dieu.

Un esprit caché aux sages et aux intelligents

Serge Molla

Lire l'Évangile et souligner l'injonction du Christ à devenir « comme des enfants » (cf. Mt 18,3), adressée à ses disciples et ses témoins, comporte le risque de se faire bien mal comprendre. Pourquoi cela ? Simplement parce que les mots « enfant » et « enfance » s'associent trop facilement à l'adjectif « infantile », ce qui revient à dire que l'Évangile serait « opium du peuple » ou quelque chose d'acquis au jeune âge et à rejeter dès que pointe l'âge adulte. Cependant – ce n'est pas agréable à rappeler lorsque l'on est engagé dans l'Église –, le soupçon s'insinue aisément si la prédication et le partage de l'Évangile ne sont pas solides et nourrissants, ne respectent pas l'intelligence de l'auditeur, y compris celle du cœur. C'est dire qu'en ouverture de cette réflexion il convient de relire la parole suivante de Jésus : « Je te loue, Père, Seigneur du ciel et de la terre, d'avoir caché cela [le Royaume de Dieu qui s'approche] aux sages et aux intelligents et de l'avoir révélé aux tout-petits » (Mt 11,25). N'y a-t-il pas là comme une manière de souligner d'emblée les limites de l'intelligence et de la raison qui, à force de démonstration, prennent le pouvoir et passent à côté de l'essentiel qui précisément les récuse ?

Pour ancrer notre réflexion dans l'histoire, faisons un détour par les États-Unis et examinons quelques éléments de l'histoire afro-américaine.

Une prière inspirée

Le cinéma hollywoodien a longtemps montré les arrière-cours des belles demeures du sud des États-Unis avec des esclaves n'attendant la délivrance de leur condition qu'au-delà de la mort, ce qui explique qu'ils gratouillaient leurs guitares avec nonchalance et résignation. Et le cliché a perduré au point que l'on a longtemps considéré les Noirs comme des grands enfants, talentueux musicalement et doués en matière sportive, mais incapables d'offrir de solides contributions intellectuelles. Heureusement, les dernières décennies ont ébranlé et écarté ces mensonges qui disqualifiaient également les richesses spirituelles de cette tradition.

Qu'on en veuille pour signe la prière suivante qui s'est transmise oralement ; certains chanteurs la glissent subrepticement au détour d'une improvisation, alors qu'un Martin Luther King la cite explicitement dans l'un de ses discours ; ce qui est sûr, c'est qu'elle a traversé le temps et remonte à la période où l'esclavage régnait dans le sud des États-Unis, soit avant 1863. Écoutons-la :

Seigneur,
Nous n'sommes pas c'que nous devrions être,
Nous n'sommes pas c'que nous voudrions être,
Nous n'sommes pas c'que nous serons.
Mais, grâces Te soient rendues,
Nous n'sommes pas c'que nous étions[1] !

Cette prière est certainement le fait d'un prédicateur esclave noir, c'est-à-dire d'un homme qui sans aucun doute ne savait ni lire ni écrire. Il avait néanmoins acquis une connaissance partielle de la Bible par mémorisation, et son intelligence spirituelle fit le reste. Car que dit une telle prière, dont l'expression joue avec les auxiliaires et les différents temps du verbe être ? Sinon qu'il y a un « avant » et un « après » de la rencontre avec le Christ/Dieu. Ou pour reprendre des termes plus proches de l'apôtre Paul, un « déjà » et un « pas encore », comme le suggère sa profonde réflexion sur le statut du baptisé, développée au chapitre 6 de sa *Lettre aux chrétiens de Rome*. Le prédicateur esclave avait discerné le mouvement fondamental de celui qui est appelé à une vie nouvelle. C'est pourquoi sa prière n'accuse ni ne juge. Dans les trois premières phrases, nulle trace de reproche du type : « à cause de vous, les Blancs, propriétaires d'esclaves ». L'accent ne porte pas sur l'horizontalité des rapports sociaux, mais sur la verticalité de la relation à Dieu. Et ce ne sont ni des études de théologie, ni une exégèse minutieuse, qui ont généré cette prière, mais un profond discernement intérieur, fruit du saint Esprit. Les mots simples affirment que ce que je suis n'est pas le résultat de mes propres avancées et mérites, mais du travail de Dieu en moi (cf. Rm 8,12-17 s.), auquel ma contribution peut être acquiescement. Le désir – ou faut-il ici parler de volonté ? – est que chaque individu, et tous ensemble, puissent devenir ce qu'ils sont appelés à être, jusqu'à se (re)connaître tels qu'ils sont connus devant Dieu (cf. 1 Col 3,12). Le mouvement d'être et de se découvrir comporte donc des conséquences éthiques, vu que « je ne puis être ce que je suis appelé à être tant que mon prochain n'est pas ce qu'il est appelé à être » (pour reprendre une belle formule de King). Chacun est lié à l'autre, ce que le « nous » de la prière précise sans ambiguïté et qui trouvera, bien des années plus tard, un étonnant écho sur le terrain social avec les manifestations des années 60 contre toute forme de ségrégation.

Des enfants révélateurs

En 1963, alors que le Mouvement en faveur des droits civiques se déployait dans la ville de Birmingham en Alabama, des manifestations destinées à mettre fin à la ségrégation dans les établissements publics et à favoriser une politique d'embauche et de formation de travailleurs noirs se succédaient, mais sans rassembler autant de manifestants qu'espérés, tant étaient fortes les menaces et les pressions extérieures. C'est alors que James Bevel, un nouvel engagé dans l'Organisation des dirigeants chrétiens du sud que dirigeait King, suggéra de faire appel aux adolescents et aux enfants (dont certains avaient moins de 14 ans). Il se proposait de former concrètement aux techniques de la non-violence ces jeunes qui ne rêvaient que de s'engager sur le terrain. King hésita, d'autant plus que la prochaine manifestation serait très probablement interdite. Après réflexion, il se laissa néanmoins persuader par James Bevel et ses proches Andrew Young et Wyatt T. Walker. Ces derniers soulignèrent en effet que ces jeunes gens ne risquaient pas de perdre leur emploi à la différence de leurs aînés, et qu'une telle participation ne manquerait pas d'attirer l'attention des médias. Comme l'écrit son biographe Stephen Oates :

> Lâcher des enfants dans les rues susciterait de violentes critiques. Mais peut-être était-ce de cela qu'avait effectivement besoin le mouvement pour rendre vie à la campagne et pousser les leaders du monde des affaires à la table des négociations. […] Des milliers de jeunes envahiraient le centre de Birmingham et leur arrestation provoquerait un encombrement colossal des tribunaux pour enfants. Avec les enfants, King remplirait littéralement les prisons.
>
> Certes, les risques étaient grands. Des enfants risquaient d'être blessés ou pire encore. […] Le spectacle d'écoliers en marche pour conquérir leur liberté était susceptible de réveiller le pays tout entier[2].

La participation des jeunes fut finalement décidée. En conséquence, on distribua des centaines de tracts aux écoliers noirs de la ville et leur réponse enthousiaste ne se fit pas attendre ! Et effectivement leur participation compta beaucoup à un moment clé où les doutes et le découragement menaçaient. Leur engagement fut décisif notamment au lendemain d'un dimanche où une manifestation fut interrompue et réprimée très violemment par les forces de l'ordre locales, qui firent usage de chiens policiers et de lances à incendie, balayant comme des feuilles les jeunes marcheurs.

> La police arrêta plus de 900 jeunes ce jour-là et il fallut faire appel aux bus de ramassage scolaire pour les charrier tous en prison. Un capitaine de police était profondément troublé par ce spectacle. « Evans », dit-il à un autre officier, « dans dix ou quinze ans, quand nous repenserons à tout cela, nous dirons : "Que nous avons donc pu être stupides[3] !" »

Cette manifestation, où le désordre fut causé par les forces de l'ordre (!) et dont les images, largement diffusées, choquèrent le pays tout entier, précipita la décision du Président John F. Kennedy de faire voter le *Civil Rights Act* le 20 juin 1963 qui rendit illégale la ségrégation sur tout le territoire des États-Unis*.

Par ailleurs, en 1965, à Selma, deux petites filles parmi d'autres, Sheyann Webb et Rachel West, âgées respectivement de 8 et 9 ans, prirent part aux événements dramatiques qui agitèrent cette ville d'Alabama[4]. Rachel, se remémorant un service œcuménique auquel elle avait participé, en parla plus tard en disant que ce qui se déroulait alors dans sa ville n'était pas à ses yeux d'enfant le Mouvement du Dr King ou de son peuple [noir], mais quelque chose de « presque divin ». Elle éprouvait au fond ce qu'un habitant de Greenwood (Mi) exprimait quelques années auparavant : « Pour

* Ce document sera signé par le Président Lyndon Johnson le 2 juillet 1964.

mettre un terme à ce Mouvement, il faudrait mettre Dieu au secret, et de cela [le Blanc] est incapable[5]. » C'est dire que le regard de cet enfant n'avait rien d'enfantin, bien au contraire.

Tout au long des années où se déroula le Mouvement des droits civiques, les moqueries ne manquèrent pas de fuser à propos de ces gosses que d'aucuns accusèrent d'être manipulés. Pouvaient-ils vraiment comprendre ce à quoi ils participaient ? Étaient-ils capables de discerner les enjeux de leurs engagements ? Comment comprenaient-ils cette résistance non-violente qui leur était enseignée ? Etc. Plutôt que de développer une longue réponse forte d'arguments, citons simplement ce petit dialogue entre un responsable de police à Albany et un gamin du coin :

> – Quel âge as-tu ? demande le chef Pritchett.
> – Neuf ans, répond l'enfant.
> – Quel est ton nom ? questionne le chef.
> – *Liberté*[6].

Cette réplique a quelque chose de *désarmant*, tant la force du propos s'oppose à la fragilité de celui qui le prononce et qui a parfaitement intégré l'enjeu du combat mené par ses aînés. Ne suffit-il pas pour s'en convaincre de se rappeler que la ségrégation salit autant l'enfance que l'âge adulte et qu'à 9 ans, les cloisons séparant Blancs et Noirs sont identifiées avec toutes leurs conséquences ? Aussi est-ce précisément pour lutter contre le sentiment d'être jugés inférieurs, considérés comme des citoyens de seconde classe, que hier, mais aujourd'hui encore, nombre d'enfants (noirs) apprennent les paroles anciennes, mais toujours pertinentes :

This little light of mine, I'm gonna let it shine (« Cette p'tite lumière qui est la mienne, j'm'en vais la faire briller »).

Or quelle est-elle, cette p'tite lumière, sinon ce « Royaume des cieux en vous » (Lc 17,21), autrement dit cette parcelle divine en chacun ? Ce chant, il convient de ne pas l'oublier, ni d'y renoncer une fois adulte comme s'il s'agissait d'une comptine, car il structure l'être. Découvrir au cœur de soi la trace d'un Autre pour qui l'on compte, voilà qui est susceptible d'équilibrer bien des existences.

Martin Luther King

Martin Luther King avait six ans lorsqu'il prit conscience du caractère déterminant de sa couleur de peau. Il avait alors un camarade blanc, dont le père possédait un petit commerce de l'autre côté de la rue. Un jour, à peine l'école commencée, tout bascula : son ami lui annonça que son père lui intimait l'ordre de mettre un terme définitif à leur relation. « Comment pouvais-je aimer une race de gens qui me haïssaient et qui étaient responsables de ma rupture avec l'un de mes meilleurs amis d'enfance ? » Cette question continua de préoccuper King et l'accompagna pendant de nombreuses années, y compris lors de sa formation intellectuelle et théologique dans le Nord. Pendant toute cette période précédant son pastorat à Montgomery dans le sud des États-Unis, il sous-estima la portée théologique et la richesse de ses racines. C'est en rencontrant l'adversité qu'il dut corriger sa première impression d'une culture empreinte de naïveté jusqu'à redécouvrir par exemple la portée des negro-spirituals qui bercèrent son enfance. Aussi n'est-ce que quelques mois après le début du boycott des autobus à Montgomery qu'il porta un tout autre regard sur sa propre tradition :

> Il y a bien des siècles, Jérémie posait cette question : « N'y a-t-il pas de baume en Galaad, pas de médecin là-bas ? » (Jr 8,22) Il s'interrogeait, parce qu'il voyait si souvent souffrir les hommes justes et bons, et prospérer les méchants. Longtemps après, nos arrière-grands-parents esclaves eurent à leur tour à affronter les injustices de la vie : jour après jour, rien d'autre n'apparaissait à l'horizon, que le fouet en cuir du surveillant, les longues rangées de cotonniers dans la chaleur étouffante ; mais ils firent une chose étonnante : se reportant des siècles en arrière, ils se saisirent du point d'interrogation de Jérémie et en firent un point d'exclamation. Alors ils purent

> chanter : « Il y a un baume en Galaad pour guérir les blessés ! Il y a un baume en Galaad pour guérir l'âme malade du péché[7] ! »

King notait que ses pairs – relevons son expression forte – « se saisirent du point d'interrogation de Jérémie et en firent un point d'exclamation ». Tout est là. Les récits bibliques entendus ou prêchés (plus que lus) par les Noirs sont les mêmes que ceux lus par les Blancs, mais les accents diffèrent. Le Noir effectue sa lecture avec son être, son histoire (et le déni de sa valeur), sa souffrance ; le Blanc, lui, lit et omet bien souvent de laisser le texte interroger son existence. Et même si, collectivement, les peuples blanc et noir américains font tous deux référence au peuple d'Israël, ils n'interprètent pas l'événement fondateur de l'Exode de la même manière, bien au contraire. Les Pères fondateurs des États-Unis arrivèrent au Nouveau Monde en se considérant comme le peuple élu, s'étant en quelque sorte identifié au peuple hébreu *d'après* l'Exode. Ils se considéraient comme le *nouvel Israël*, à la différence des Noirs qui se retrouvaient dans l'odyssée du peuple d'*Israël esclave* en Égypte *d'avant* l'Exode et lisaient alors cet événement comme un élément porteur d'espérance.

Du coup, si les paroles des chants sont simples, jamais elles ne sont simplistes. D'une part, elles portent beaucoup plus que des espoirs, limités socialement ; elles énoncent une espérance dont les limites dépassent précisément le spatio-temporel, tant elles concernent Dieu. Et si cela ne suffit pas, ces paroles recèlent bien souvent un second sens. Ce sens caché que l'oreille blanche ne perçoit pas et que seul-e distingue, au-delà des mots, le frère ou la sœur de couleur. Ces derniers saisissent immédiatement la subversion que dissimule l'apparente naïveté. Le negro-spiritual *Steal away to Jesus* (s'enfuir vers Jésus) traduit par exemple une aspiration spirituelle, certes, mais ce désir, presque mystique, exprime également une inflexible volonté de tout mettre en œuvre pour filer vers le nord, vers le Canada ou les États non esclavagistes.

Chants de résistance donc, expressions de subversion, confessions de foi en un Dieu vivant qui ne laisse et n'abandonnera jamais les siens, quoi qu'il arrive, tout cela atteste d'une conviction sans pareille : « Lui seul est capable d'ouvrir un chemin là où il n'y en a pas[8]. » King rappelle d'ailleurs en quels termes magnifiques un de ses pairs, prédicateur esclave, avait l'habitude d'exprimer cela :

> Il savait qu'il fallait survivre jour après jour. Ils [les esclaves] n'avaient aucune raison d'attendre avec impatience le matin, sous une chaleur étouffante, les longues lignes de coton, et le fouet en cuir brut du surveillant. Quelques-uns de nos plus beaux chants sont issus de cette situation. Bien souvent les femmes savaient qu'elles devaient sacrifier leurs

corps pour satisfaire les besoins de leur maître. Et dès que leurs enfants étaient nés, ils étaient retirés de leurs mains comme un chien arrache un os que nous tenons dans la main. Leur vie était sombre, d'autant plus qu'on leur ressassait qu'ils ne valaient rien, ne s'appartenaient pas et n'étaient personne. Bien souvent, ils devaient travailler sans chaussures des journées entières dans les champs. Ils rêvaient d'un jour meilleur, au point de chanter : « J'ai des chaussures, tu en as, tous les enfants de Dieu en ont. Je mettrai mes chaussures pour aller au ciel. Et je parcourrai tout le ciel. » Et le prédicateur de regarder ses paroissiens en disant : « Toute la semaine, on vous a répété que vous n'étiez personne, que des esclaves, que des "nègres". Mais je veux vous affirmer que vous n'êtes ni des esclaves, ni des nègres, mais les enfants de Dieu. » Une telle affirmation leur redonnait espoir, leur redonnait ce « quelque chose » d'intérieur qui permet de tenir au milieu des difficultés quotidiennes[9].

Naïveté et évangélisme simpliste ne sont donc qu'une apparence, dictée par l'habitude d'entendre ou de lire des paroles analogues sans qu'elles entraînent le risque d'un engagement. Or, c'est précisément un tel risque qui fait d'un tel discours un « opium du peuple » ou qui lui accorde une épaisseur ne prêtant pas à rire. Ceux qui font leurs de telles paroles s'y engagent totalement comme l'enfant s'engage totalement dans son activité, ludique ou autre. Et la leçon n'est pas mince, car bien des troubles qui habitent tout un chacun proviennent entre autres de cette capacité mortifère de confondre (parfois sans en avoir conscience) le dire et le faire.

Maintenant, si nous considérons l'Évangile, force est de constater que c'est notamment son caractère subversif qui a conduit à spiritualiser bien des paroles et des expressions. On peut bien sûr penser à certaines paroles fortes de Jésus, telles que : « Aimez vos ennemis, faites du bien à ceux qui vous haïssent, bénissez ceux qui vous maudissent, priez pour ceux qui vous calomnient. » Mais Jésus ne fait-il pas que prendre au sérieux, c'est-à-dire *moins abolir qu'accomplir*, la Loi et les prophètes (cf. Mt 5,17) ? Et par exemple la parole de Dieu rapportée par le prophète Amos : « Je déteste, je méprise vos pèlerinages, je ne puis sentir vos rassemblements quand vous faites monter vers moi des holocaustes (…). Mais que le droit jaillisse comme les eaux et la justice comme un torrent intarissable ! » (5,21-24).

Il s'agit d'oser prendre le risque de lire littéralement telle parole non pour énoncer que la vérité se réduit aux mots qui la composent, mais pour ne pas en perdre le caractère dérangeant et stimulant, qui – cela est vrai – a quelque chose d'insensé, pour ne pas dire de fou, si on lit tout cela à l'aune de ce qui se fait et ne se fait pas. Ce n'est pas un hasard si ce sont des ecclésiastiques qui rendirent King attentif à son dépassement des limites, dans une lettre ouverte qu'ils lui adressèrent alors qu'il se trouvait à Birmingham en avril 1963. Ils qualifièrent alors ses activités de « malavisées et inopportunes » en concluant qu'il était un pasteur extrémiste (terme éminemment négatif sous leur plume). Dans sa longue et solide réponse, la fameuse « Lettre de la geôle de Birmingham[10] », King reprit ce terme pour s'interroger : « Serons-nous des extrémistes pour la préservation de l'injustice ou pour la cause de la justice ? » Et d'ajouter ces lignes, qui durent bien sûr fortement déplaire à ses destinataires et qui perturbent encore quiconque aimerait faire du Christ une figure recevable :

> Au cours d'une scène dramatique, sur la colline du Calvaire, trois hommes ont été crucifiés. Nous ne devons pas oublier que tous trois ont été crucifiés pour le même crime – le crime d'extrémisme. Deux d'entre eux étaient des extrémistes de l'immoralité et s'étaient ainsi rabaissés au-dessous de leur entourage. L'autre, Jésus-Christ, était un extrémiste de l'amour, de la vérité et du bien, et s'était ainsi élevé au-dessus de son entourage[11].

Le dépassement des limites peut avoir quelque chose d'enfantin – et s'apparente aux tentatives de l'adolescent qui se cherche, autrement dit à quelque « non maturité » – s'il ne s'agit que d'enfreindre pour enfreindre. En revanche, si cette audace traduit une volonté d'en dire plus, parce qu'au cœur de cet extrémisme se niche précisément quelque chose de divin qui ne peut ni totalement se contenir ni se raisonner – l'amour –, du coup, « ce qui est folie de Dieu est plus sage que les humains et ce qui est faiblesse de Dieu est plus fort que les humains » (1 Co 1, 18-25).

« … Comme des enfants »

Celui qui ne sait pas, celui qui n'a pas la parole ou qui n'a pas droit à la parole, n'est-ce pas précisément l'enfant au sens étymologique du terme, l'*in-fans* étant celui qui ne parle pas ? De ce point de vue, l'esclave était à n'en pas douter considéré comme un gosse : sans droit, sans parole, juste un adulte à faire travailler ou à engrosser. Son nom de famille n'avait-il pas été soustrait et remplacé par celui de son maître propriétaire ? Du coup, n'était-ce pas un Autre qui seul le connaissait par son nom véritable (de baptême) ? N'était-ce pas un Autre qui seul se montrait susceptible de générer en lui une espérance et une dignité qui lui étaient refusées dans son quotidien, jusqu'à lui inspirer une prière substantielle ?

Totalement immergé dans son activité, incontestablement joyeux lorsqu'une bonne nouvelle le rejoint, assurément triste lorsque la peine s'empare de lui, l'enfant a cette capacité d'être joyeux avec ceux qui sont dans la joie et triste avec ceux qui pleurent (cf. Rm 12,15 s.). Certes il ne comprend pas tout, mais au moins il ne prétend pas le contraire. Cela ne l'empêche pourtant pas de s'engager et de consacrer une très grande énergie à une cause qu'il croit juste. Et si des jeunes se sont risqués à participer à des manifestations, ce n'était pas par jeu ou goût du danger, mais parce qu'ils « (pres)sentaient » bien que leur avenir en dépendait. Quant au défi que représentaient la souffrance possible, la violence probable à leur endroit et le risque d'être alors incités à la violence, il ne leur était pas plus difficile à relever qu'à leurs aînés. Ainsi Rachel et Sheyann furent, avec tant d'autres dont l'histoire n'a pas retenu les noms, d'extraordinaires *révélateurs* des enjeux humains pris dans la tourmente interraciale*.

* Cette faculté de mettre en lumière, de faire apparaître au grand jour ce qui est caché, est un élément essentiel des actions de résistance non-violente. Si ces dernières doivent entraîner quelque souffrance pour les participants, celle-ci est limitée dans le temps et sans comparaison avec le préjudice subi jusqu'alors, même s'il ne faut pas sous-estimer la nécessité de lui trouver un exutoire. King écrivait d'ailleurs à ce sujet en octobre 1966 : « Une démonstration contre le mal que représente la ségrégation scolaire se base par exemple sur la conscience que l'esprit d'un enfant est rendu boiteux quotidiennement par une mauvaise éducation. Celui qui manifeste estime qu'il lui est préférable de souffrir publiquement pendant une courte période pour mettre fin à ce mal écrasant de la ségrégation plutôt que d'avoir de

En outre, l'apport d'un King, par son retour à une tradition porteuse de fausse naïveté et de pseudo-simplisme, atteste que l'équilibre essentiel ne dépend pas de soi, mais d'un Autre. Cet équilibre ne se fonde pas sur sa propre sagesse et intelligence, mais il a partie liée avec la « folie » d'un Autre qui a promis de ne jamais l'abandonner, y compris dans la mort. Les béatitudes (cf. Mt 5,3-12*), que d'aucuns – les « grands », les « sages et les intelligents » – trouvent, elles aussi, naïves, ces paroles paradoxales renouvellent constamment le regard. D'ailleurs, ne devraient-elles pas être lues à partir de la résurrection, à partir de la confession de foi qui bouscule radicalement toute idée reçue, rationnelle ou logique ? Si l'on prend en effet en compte la résurrection, l'échec n'en est plus un, la mort perd son caractère inéluctable et l'engagement peut alors trouver sa véritable dimension, illimitée.

Jésus, le Christ, paraissait bien naïf aux yeux des Pharisiens lorsque, après avoir chassé les marchands du Temple et se l'être vu vivement reproché, il répondait à ses interlocuteurs qu'ils n'avaient qu'à détruire ce temple et qu'en trois

---

génération en génération des enfants qui souffrent d'ignorance » (cité *in* Serge Molla, *ibid.*, p. 165).

* Et tout particulièrement le v. 11 : « Heureux êtes-vous lorsque l'on vous insulte, que l'on vous persécute et que l'on dit faussement contre vous toute sorte de mal à cause de moi. »

jours il le relèverait (cf. Jn 2,15-22). Et Jean l'évangéliste de préciser : « Mais lui parlait du Temple de son corps » (v. 21). Et il n'en alla pas autrement devant Pilate, le gouverneur romain, auquel Jésus déclara que sa royauté n'était pas de ce monde. Et que si elle l'était, ses gardes auraient combattu pour lui. Jusqu'à conclure : « Je suis né et je suis venu pour rendre témoignage à la vérité » (v. 37). En quelques mots, simples, mais où tout l'être est impliqué, Jésus attestait de l'incapacité du contexte sociopolitique, perçu comme *relatif*, à s'opposer à sa mission, comprise comme *absolue*. Et cet absolu était plus fort que la mort, relative, tant il appartenait à Dieu*. De telles paroles avaient l'air importunes et malavisées et elles l'étaient, tant que tout se réduit au social et au politique. Leur caractère était effectivement naïf aux yeux d'une société pour ne pas dire d'un monde limité à l'ici et au maintenant. Ses paroles comme son engagement dépassaient toujours le cadre restreint de l'espace et du temps, tant elles s'adressent à l'être humain dans sa finalité et non à sa seule et limitée insertion sociopolitique.

* Tout le dialogue Jésus-Pilate est à cet égard exemplaire, cf. Jn 18,33-38 et 19,9-11. Il précise même à son interlocuteur : « Tu n'aurais sur moi aucun pouvoir s'il ne t'avait été donné d'en haut. »

Au cœur de la pseudo-naïveté d'une tradition comme la tradition afro-américaine, relatif et absolu s'énoncent sans que beaucoup y prennent garde. Trois traits méritent pourtant d'être retenus, tant ils éclairent peut-être ce qu'il faut entendre par l'étrange parole du Christ à l'endroit des siens : « … si vous ne changez et ne devenez comme les enfants, non vous n'entrez pas dans le Royaume des cieux » (Mt 18,3).

Celui qui chemine en quête du Christ n'a pas de pouvoir et n'en aura pas. Ce n'est pas là qu'il place son désir. Ce qu'il vit se joue au niveau d'une relation et non d'une acquisition de savoir qui entraîne maîtrise, puissance, pouvoir. Ainsi, fréquemment, l'adulte estime que son savoir va lui permettre de s'engager, que ses connaissances dicteront son comportement ; or il n'en va pas ainsi. Les exemples ne manquent pas. Discerner le bien du mal conduit-il nécessairement à agir positivement ? Rien n'est moins sûr. Le prédicateur esclave savait peu, pourtant il a discerné que l'essentiel se jouait dans la confiance à Celui qu'il priait personnellement. L'enfant parfois ne sait (presque) rien, néanmoins sa confiance peut naître. C'est que la confiance – et ce mot est plus relationnel que son synonyme de « foi » – n'est pas fruit du savoir. L'Évangile ne cesse de le répéter en montrant combien de « scribes » et de

« pharisiens », autrement dit ces hommes porteurs d'un savoir (que Jésus ne récusa ni ne dénigra), « passèrent à côté » et furent aveugles à ce Dieu venu à leur rencontre, jusqu'à ne plus savoir ce qu'ils faisaient en participant à sa crucifixion.

C'est pourquoi, par exemple, la non-violence préconisée par King n'est pas seulement une tactique à appliquer lorsque l'on peut estimer qu'elle permettra de remporter des victoires décisives. Elle atteste par un engagement difficile la volonté de mettre en œuvre *des moyens qui annoncent la fin recherchée.* Le but d'établir une « communauté bien-aimée », cher à Martin Luther King, ne peut s'énoncer que par un refus radical de la violence, pour ne pas dire du meurtre, qui défigure et réduit celui qui les commet tout autant, voire plus, que celui qui les subit. Mais pour s'en convaincre, ne faut-il pas renoncer à la sagesse des sages et à l'intelligence des intelligents et faire le pari de Pâques au-delà de Vendredi saint ? Accomplir ce que l'on a à accomplir, non parce que c'est le bon moment ou que les moyens sont enfin à disposition, parce que le résultat est connu d'avance ou pour quelque autre raison courte, mais *seulement* et *pleinement* parce la confiance en un Autre le dicte ? Cette volonté est avant tout celle du Christ qui représente le Père auquel il remet tout, jusqu'au pardon radical (cf. Lc 23,34).

Maintenant, qui dit « enfant » dit « enfant de ». L'enfant se sait donc dépendant. Il n'est pas autonome, c'est-à-dire étymologiquement ne fait pas sa propre loi, mais est « soumis » à celle d'un autre. Au fond il n'est pas tout seul, il se découvre vivant en relation. Faire sien le chant *This little light of mine*, confesser Dieu à ses côtés, revient au cours d'un combat à avouer, comme ce plus petit, que l'on reconnaît sa propre valeur grâce à cet Autre dont on a discerné la présence inattendue. Il ne s'agit donc pas de récupérer ou d'instrumentaliser cet enfant, mais de discerner en lui une confiance contagieuse. C'est dire que celui ou celle qui place sa confiance en Dieu se reconnaît à son tour véritablement « enfant de Dieu » – et cela quel que soit son âge –, au point qu'il/elle se découvre « frère/sœur » du Christ, membre d'une famille dont les liens premiers ne sont pas ceux du sang*. Reconnaître sa dépendance à l'égard de Dieu conduit d'une certaine manière à renoncer à sa propre autonomie (au sens étymologique de se donner à soi-même sa propre loi) et à tenter

* Cf. Lc 8,21 (« Ma mère et mes frères, ce sont ceux qui écoutent la parole de Dieu et qui la mettent en pratique ») et, dans le même sens, la réponse de Jésus à une femme qui lui déclare « Heureuse celle qui t'a porté et allaité » : « Heureux plutôt ceux qui écoutent la parole de Dieu et qui l'observent » (Lc 11,28).

de discerner et d'accomplir, à l'exemple du Christ*, la volonté de Dieu.

L'esprit d'enfance est donc affaire de confiance et de dépendance, autrement dit de posture quant à la vie, et d'abandon au Père de ce qui lui revient. Cette façon d'exprimer les choses est bien sûr celle d'un adulte, mais l'enfant parfois vit et exprime cela avec une aisance déroutante**. Comme une manière de vivre en annonçant sans le savoir le Royaume. L'esprit d'enfance ne s'oppose pas à l'intelligence et aux raisonnements, mais refuse de s'y laisser enfermer. Il est riche d'une conviction, celle que Dieu – pour reprendre une expression afro-américaine classique – peut toujours « ouvrir un chemin là où il n'y en a pas », rendre fécond ce

---

* Cf. la parole de Jésus adressée à son Père, au jardin de Gethsémani : « Pourtant, non pas comme je veux, mais comme tu veux » (Mt 26,39). Et celle qu'il a enseignée à ses disciples : « Que Ta volonté soit faite… »

** Le 20 septembre 1958, Martin Luther King est attaqué et grièvement blessé à Harlem par une femme perturbée mentalement. Une élève lui écrit ces lignes étonnantes : « Cher pasteur King, je suis en seconde au lycée de White Plains. Bien que cela ne devrait pas compter, je voudrais mentionner que je suis blanche. J'ai appris par le journal le malheur qui vous est arrivé et combien vous souffrez. Et j'ai lu que si vous aviez éternué, vous seriez mort. Et je vous écris simplement pour vous dire que je suis bien heureuse que vous n'ayez pas éternué » (cité *in* Martin Luther King, *Autobiographie*, Paris, Bayard, 2000, p. 149).

qui a l'air de n'être qu'un échec. L'enfant sain se réjouit de grandir. Il aime à répéter « quand je serai grand-e » et espère. Or, « voir ce qu'on espère n'est plus espérer : ce que l'on voit, comment l'espérer encore ? Mais espérer ce que nous ne voyons pas, c'est l'attendre avec persévérance » (Rm 8,24s).

Cultiver la spiritualité : le modèle éducatif de la *Haggadah de Pessah*

Tania Zittoun

« Il est interdit d'être vieux. »

Rabbi Nahman de Breslev

La notion de spiritualité découle de l'évolution du latin *spiritualis*, qui signifiait alors « propre à la respiration », avant d'évoluer en l'idée d'immatérialité et de lien au divin. Étonnement : le terme hébreu pour esprit est *roua'h*, qui signifie également « le souffle ». Ce qui est marquant dans ces étymologies, c'est le caractère vivant et dynamique de la notion : le souffle est en effet ce qui n'arrête jamais, ce qui va et vient, qui est la condition de la vie humaine et à la fois ce qui le relie, dans de très nombreuses traditions, à l'invisible. C'est en tant que psychologue du développement que j'aborde ici la question de la spiritualité de l'enfant, et je me demande comment une telle spiritualité évolue et quel rôle elle joue dans le développement de la personne.

Approches psychologiques de la spiritualité

La première chose à faire est de se tourner vers les psychologues qui se sont intéressés aux expériences religieuses et spirituelles. Il apparaît d'emblée que les psychologues, qui s'intéressent à la pensée et à l'action des êtres humains dans différents contextes, aiment peu s'engager dans les questions relatives aux phénomènes religieux et spirituels. La *psychologie de la religion* s'intéresse en majorité soit aux caractéristiques psychologiques de la personne croyante ou pratiquante, soit à son appartenance à une communauté religieuse ; elle isole parfois le religieux comme une dimension ou un facteur dont on peut peser l'influence sur le comportement[1]. Ce n'est que récemment, en partie en relisant le texte d'un des pères de la psychologie moderne, William James[2], que certains auteurs se sont mis à examiner les *fonctions psychologiques* des phénomènes religieux : en quoi les activités que les personnes engagent participent de la manière dont elles s'orientent dans le monde, donnent sens à leur expérience, se définissent ou gèrent leurs rapports à autrui[3] ? Quant à moi, j'aborde ces questions en m'intéressant avant tout aux processus par lesquels, au cours de leurs interactions avec des personnes, des choses et le monde, certains développent de nouvelles significations du monde et des capacités d'y agir[4].

Des adultes étudient la spiritualité des enfants

Motivés par des questions plus pragmatiques, des professionnels du soin infirmier, des travailleurs sociaux, des spécialistes de la prise en charge d'enfants et des milieux éducatifs ont récemment commencé à discuter la spiritualité des enfants et des adultes. Elle leur paraît en effet pouvoir jouer un rôle développemental ou adaptatif, par exemple en cas de maladie grave, de détresse ou d'isolation sociale. Mais comment définir ce que l'on désignerait par cette notion ? Dans leur tentative de synthèse des travaux actuels, Adams et Hyde[5] considèrent que la spiritualité est une prédisposition humaine, voire biologique, plus première que la religion institutionnalisée, et qu'elle désigne le sens qu'une personne a d'être reliée avec elle-même, les autres ou le monde (ou le cosmos). Ils constatent aussi que certains auteurs considèrent la spiritualité comme un type d'intelligence, ou une aptitude mentale utilisée par les humains pour trouver des solutions aux problèmes de valeur et de signification dans la vie. Les auteurs réfèrent souvent aux travaux de Hay et Nye[6] qui ont interrogé des enfants d'âge scolaire en Angleterre et qui, sur cette base, suggèrent que les enfants ont une inclination spirituelle ou « conscience relationnelle », une manière intentionnelle et naturelle de se relier au monde, aux choses animées et inanimées, aux autres, y compris un Autre divin, et à soi-même[7]. Les compétences spirituelles des enfants s'organiseraient autour de trois dimensions : leur conscience d'être liés aux choses, leur sens du mystère, et leur sens des valeurs[8]. Ainsi, la notion de spiritualité reviendrait à une sorte de compétence innée, présente chez les enfants, permettant de se sentir en relation avec soi, les autres et la nature, et permettant aussi de déterminer des valeurs et de savoir comment donner sens à son expérience.

La spiritualité : selon qui ?

Cette définition, à première vue assez intéressante, pose toutefois un certain nombre de problèmes. Sur un plan théorique, elle confond des processus qui sont psychologiquement très simples et présents chez le nouveau-né – comme la capacité à se lier à autrui –, avec des processus très complexes, comme celui de définir des valeurs ou d'élaborer des significations complexes, qui ne s'acquièrent qu'après la maîtrise du langage, voire de certaines formes d'abstraction. Sur un plan méthodologique, Scott[9] souligne qu'il est très difficile d'interpréter les propos des enfants : par exemple, si un enfant dit qu'il se sent relié aux choses, fait-il montre de « spiritualité », ou décrit-il seulement l'expérience qu'il peut avoir du monde, étant donné l'état de son développement cognitif et le fait qu'il ne situe pas encore ses expériences en lien avec le passé et le futur ? Lorsque des enfants posent des questions sur l'origine et le pourquoi des choses, révèlent-ils leur « sens du mystère », ou sont-ils simplement animés par la curiosité inhérente au développement psychologique ? Scott fait aussi état des souvenirs que des adultes ont d'expériences spirituelles de leur enfance. En voici un exemple : « L'expérience la plus profonde de ma vie m'est arrivée très jeune – entre quatre et cinq ans… À ce moment je sus que j'avais ma place unique, comme toutes choses, animées et inanimées, et que nous faisions tous partie de cette grande toile universelle, fragile et immensément forte, profondément bonne et bienfaisante[10] ». Mais qui est l'auteur de ces mots et de l'évaluation de cette expérience en tant qu'expérience spirituelle : l'enfant de 5 ans ou l'adulte narrant ses souvenirs ?

Que des adultes interrogent des enfants ou que des adultes se remémorent leur enfance, ces travaux posent le même genre de difficultés : dans tous les cas, l'adulte réinterprète des expériences d'enfant à l'aide des mots et des notions à sa disposition, tirés de sa culture religieuse d'adulte. En ce sens, les catégorisations des expériences d'enfant comme « spirituelles » traduisent un double ethnocentrisme : celui des adultes par rapport aux enfants, et celui qui est propre aux cultures religieuses des adultes ou des observateurs. Ainsi a-t-on un aperçu des difficultés méthodologiques qu'on rencontre en voulant définir et stabiliser la notion de « spiritualité » d'un point de vue psychologique : elle se superpose aux notions du sens commun et confond les théories des personnes interrogées avec celles des observateurs. Toute recherche qui tente de définir un terme à partir de données recueillies pour répondre à l'intuition que le chercheur a de ce terme est vouée à ce genre de biais.

Comment sortir de ce cercle vicieux et avancer dans notre réflexion sur la manière dont se développe la spiritualité ? La proposition est ici de se donner un point d'appui radicalement extérieur, qui nous permette de prendre une distance plus critique. Je propose donc de trouver un tel point d'appui dans la tradition juive.

Tradition juive et spiritualité

La tradition juive est définie par la nature de la relation que les humains nouent avec Dieu : on se souvient qu'Abraham, puis Moïse, ont conclu des alliances entre les humains et Dieu. Cette relation s'est ensuite traduite par un certain nombre de conduites et d'attitudes qu'elle amène à avoir, comme le soin aux autres proches et, dans le Deutéronome, par un corpus de règles qui permettent l'organisation et la régulation d'un groupe au quotidien. Au cœur de cette organisation, un rôle important est conféré à la relation que les personnes nouent avec les textes, eux-mêmes dépositaires de la parole divine, de la loi et de la mémoire réelle et mythique du peuple. Parmi les obligations fondatrices de la religion, il y a celle d'enseigner et d'étudier les textes, elle-même rendue possible par l'instauration de pratiques éducatives qui se sont maintenues et développées au cours des siècles[11].

Dans cette configuration, la notion de spiritualité dans le judaïsme désigne quelque chose de l'orientation des juifs à vivre « dans la présence » divine[12]. Elle prend évidemment des formes différentes selon que l'on examine les relations interpersonnelles (éthique de l'altérité), la manière de suivre les règles et préceptes, ou que l'on examine le rapport des personnes aux textes. C'est sur ce dernier point que je souhaite me concentrer. Car si l'on veut décrire la spiritualité de l'enfant, il me semble que l'on peut commencer par observer les moyens mis en œuvre par une tradition qui vise précisément à développer une telle vie spirituelle.

Une épistémologie du dialogue et de la question*

Au travers de cette obligation de l'étude des textes, et au cours des siècles, les personnes socialisées dans le judaïsme en sont venues à développer une relation très spécifique aux textes, considérés comme parole révélée, et à *l'étude* et à *l'interroga-*

---

* Par « épistémologie », on entend ici un type de rapport à la connaissance.

tion des textes comme moyen de s'approcher du divin. Notamment, au travers des générations, les écrits des commentateurs de la Torah, les Talmudistes, sont entrés dans le canon des textes transmis, le Talmud ; les commentateurs des générations suivantes entraient alors en dialogue avec les commentaires de ceux qui les précédaient et devenaient eux-mêmes partie prenante de ce dialogue. Toutes ces interprétations ne se remplacent pas les unes les autres, mais au contraire s'additionnent les unes aux autres. Aujourd'hui, une page de Talmud comprend différentes couches de texte, correspondant à l'état des dialogues à différents moments de l'histoire et soulignées par la mise en page. Ces textes eux-mêmes sont rédigés comme des dialogues réels ou imaginaires, chaque opinion étant rapportée à son auteur. Ainsi, réfléchir et interpréter le texte, c'est essentiellement citer les opinions des uns et des autres, pour le faire entrer dans une structure argumentative complexe, qui permet de faire émerger une autre position ou une nouvelle compréhension du texte ou de ses commentaires.

Au travers de ce genre de « dialogue infini », une certaine attitude épistémologique s'est développée : l'étude est fondamentale, mais ce n'est pas une vérité unique qui est recherchée ; au contraire, c'est de la pluralité, de l'éclatement, du dialogue que quelque chose se dégage, qui permet de s'approcher d'une vérité toujours au-delà, et par définition inaccessible. En revanche, c'est le dialogue, le mouvement, la remise en question qui deviennent les activités fondatrices de l'étude et de la recherche ; c'est dans la remise en question et l'impertinence que s'exprime l'acceptation même des règles du jeu. Le rapport au texte est devenu métaphore du rapport à autrui, notamment du respect de l'infinie diversité de l'autre et aussi du rapport de l'homme au divin. Ainsi raconte-t-on que Dieu avait attribué à chaque humain une lettre de la Torah, et qu'Il les a toutes mélangées et jetées dans le monde. Il appartient alors à chaque humain d'étudier la Torah pour retrouver la lettre unique que Dieu lui a attribuée.

Ainsi, dans cette tradition, la spiritualité – comprise comme la vie « dans la présence » divine – se traduit notamment par une pratique gouvernée par une attitude épistémologique : par l'étude, le dialogue avec les sages du passé, la remise en question de la signification en fonction du présent, la prise de parole singulière dans la pluralité des positions, et surtout le fait de maintenir ce dialogue infini, sachant qu'il n'y a pas de vérité en soi à atteindre, mais que c'est l'activité même qui est l'activité spirituelle. En ce sens, la spiritualité est, comme le souffle, une dynamique infinie et toujours nouvelle.

Les hassidim

Ce principe épistémologique, très profond dans la tradition, a trouvé ensuite différentes expressions au fil de l'histoire et des contextes dans lesquels ont vécu les communautés juives. En Europe centrale et en Europe de l'Est, depuis le début du XVIIIe siècle jusqu'à la fin du XIXe ou même jusqu'avant la Seconde Guerre mondiale, où les Juifs étaient dans des conditions de vie quotidienne parfois extrêmement difficiles et dans le danger permanent de pogroms, s'est développée la tradition dite hassidique du judaïsme. Le hassidisme poursuit la tradition d'étude des textes, mais alors que d'autres groupes se concentrent sur leurs aspects logiques et les conséquences pratiques des textes, les *hassidim* tirent des textes des enseignements plus humanistes et plus mystiques. Pour célébrer la création et le divin, ils ne se contentent pas de suivre les règles strictes du judaïsme, mais ils cultivent aussi une forme de détachement des choses matérielles, une joie constante alimentée par des fêtes et des chants, et une capacité à rire des choses. Cette attitude avait évidemment des conséquences sur la manière dont les textes étaient interprétés et compris. Dans certaines évolutions mystiques de cette tradition, le rapport au texte a été cultivé comme une forme d'exercice spirituel, notamment par des techniques du souffle[13]. Dans d'autres, les textes de la Torah ou du Talmud sont lus comme des enseignements sur le sens de la vie ; les commentaires des textes deviennent alors prétexte à des contes et des récits chargés d'enseignements, pour permettre notamment aux personnes de pouvoir supporter les difficultés de leur vie quotidienne tout en trouvant des moyens de s'en détacher et de développer leur rapport au divin. Ces commentaires édifiants sont le fait de figures centrales dans la tradition hassidique, des Rabbis, considérés comme des sages. Certains de ces textes ont donné lieu à des contes et légendes parfois devenus célèbres[14].

Le hassidisme met en évidence une tension dans la spiritualité juive : certes, l'on peut rechercher la présence divine par les actions (respect des règles) et par l'étude des textes ; mais n'y a-t-il pas une manière plus immédiate d'être dans cette présence, et plus immédiatement utile dans un quotidien pénible ? Le fait même que le hassidisme développe une forme de détachement joyeux et d'enseignement dont le sens, souvent plus métaphorique, peut permettre à chacun de relire autrement son quotidien, promeut ainsi une autre variante d'expérience spirituelle. L'on pourrait dire que là où la personne se sentirait aliénée, étrangère à des conditions matérielles difficiles, les orientations du hassidisme donnent des ressources symboliques qui permettent aux personnes de se relier à leur environnement, de lui conférer sens, de travailler leur propre attitude émotionnelle face à lui. C'est une spiritualité qui s'appuie sur le lien au divin pour mieux s'ancrer dans l'expérience mondaine et la rendre signifiante.

Dans ce sens, nous retrouvons ici certaines des propositions des chercheurs sur la spiritualité[15] qui la considéraient comme une manière de se sentir relié à soi, au monde et comme offrant des moyens de rendre signifiante l'expérience. Seulement, nous voyons que le sentiment d'être relié au monde et la possibilité de rendre l'environnement signifiant ne sont pas des dispositions innées et naturelles ; elles semblent au contraire être des attitudes soigneusement cultivées par des formes culturelles et des traditions spécifiques. Mais alors, par quelles pratiques ces formes de spiritualité que nous avons identifiées dans le judaïsme se transmettent-elles, comment les développer chez l'enfant et chez l'adulte ?

Transmettre une spiritualité vivante : célébrer la sortie d'Égypte

Plutôt que de présenter les modes traditionnels de transmission du judaïsme et la manière dont une spiritualité dynamique s'y développe[16], je vais présenter le cas de la célébration de la fête de Pessah (la Pâque juive) qui met en scène, de manière presque théâtrale, une « pédagogie du spirituel ».

La fête de Pessah célèbre la sortie d'Égypte des

Hébreux sous l'égide de Moïse, qui les conduira à recevoir la Torah puis à rejoindre la Terre promise. La fête se célèbre notamment par la lecture d'un texte, la *Haggadah de Pessah*, qui raconte la manière dont le peuple hébreu a quitté l'Égypte, où il était retenu comme esclave du Pharaon. Le récit raconte la prise de conscience par Moïse de la souffrance de son peuple, ses démarches auprès du Pharaon pour obtenir sa libération, le fait que les Égyptiens ont été frappés des dix plaies comme punition pour avoir refusé de libérer les Juifs, la manière dont ces derniers se sont échappés, avant d'errer pendant quarante ans dans le désert, pour pouvoir finalement rejoindre la Terre promise. La tradition demande donc de lire la *Haggadah* durant la soirée de *Pessah*. La *Haggadah* (stabilisée probablement vers le XVe siècle) comprend des recommandations pratiques sur les rituels à effectuer en vue de la fête et la préparation des aliments pour la soirée, mais aussi et essentiellement, le récit, des commentaires talmudiques de différentes époques, des prières et bénédictions, des chants et des réflexions. À partir de ma perspective psychologique, j'aimerais me concentrer sur deux aspects. D'une part, je voudrais mettre en évidence la théorie didactique implicite qui est définie, suggérant la manière dont une spiritualité peut être cultivée chez l'enfant ; d'autre part, je voudrais, en faisant appel à une tradition hassidique, faire quelques hypothèses sur la portée plus générale du texte et la manière dont cette spiritualité peut être entretenue chez l'adulte.

La soirée de Pessah

La *Haggadah* prescrit un scénario très spécifique pour la soirée de *Pessah*. Chaque étape de la soirée est nommée et, dans certaines traditions, on répète à chaque nouvelle étape le nom de toutes les étapes antérieures. Après les bénédictions usuelles, on commence la soirée en expliquant pourquoi l'on raconte la sortie d'Égypte. La sortie d'Égypte sera elle-même narrée au cours de la soirée et la *Haggadah*, tout en citant des passages bibliques, propose aussi des explications quasiment mot à mot de ces passages en invoquant différents textes. Par exemple, la phrase « Dieu nous a fait sortir d'Égypte de sa main puissante et de son bras étendu, par un grand effroi, par des signes et par des miracles » (Dt 26, 8[17]) est suivie de plusieurs pages où chaque proposition est discutée et éclairée en faisant appel à d'autres textes : « "de sa main puissante", allusion à la peste, comme il est dit : "voici la main de l'Éternel qui s'abat sur ton bétail qui est au champ [...] par une peste très sévère" (Ex 9, 3) ».

La soirée est interrompue par la prise d'aliments symboliques, et la *Haggadah* met en scène l'explication des symboles : par exemple, il est prévu de manger des herbes amères, en expliquant qu'elles marquent l'amertume de la vie d'esclave ; du pain azyme, le pain sans levain et donc plat, pour rappeler la précipitation dans laquelle les Hébreux ont dû s'enfuir ; ou encore on trempe des aliments dans de l'eau salée pour rappeler les larmes des Hébreux esclaves, etc.

La soirée est ponctuée de chants. Peu après son commencement, le chef de famille découvre le plateau qui porte les aliments symboliques utiles à la fête ; juste après, arrive l'une des chansons les plus connues de *Pessah*, le « Ma Nichtana », « *Pourquoi cette nuit* diffère-t-elle de toutes les autres nuits ? ». Cette chanson est construite sous la forme de questions sur la raison d'être de la fête et des rites qu'elle comprend : pourquoi cette nuit mangeons-nous du pain azyme alors que nous mangeons du pain fermenté toutes les autres nuits, pourquoi des herbes amères alors que les autres nuits nous pouvons manger toutes les herbes que nous souhaitons manger ? L'on demande traditionnellement à l'enfant le plus jeune de les poser. Le chorus des autres personnes présentes lui répond que l'on célèbre le fait que le peuple était autrefois esclave et qu'il est maintenant sorti de cela. D'une certaine manière, tout le rituel de la soirée peut être vu comme découlant de ces questions[18].

Peu après, une autre chanson explique comment quatre fils d'un homme – un sage, un méchant, un simplet et un qui ne sait pas poser de questions – questionnent leur père sur le sens de la fête, et comment l'on peut répondre à chacun d'entre eux. Le texte lui-même est construit sous forme de questions. Il commence par demander : « Que dit le sage ? » (*'Ha 'ham, ma hou omer ?*) Le texte dit que le sage questionne sur la raison d'être des règles, et qu'il lui est répondu qu'il doit s'instruire sur ces règles. À la question de savoir ce que dit le méchant, il est dit que le méchant demande ce que la fête signifie « pour vous » en s'excluant du groupe, et il lui est répondu qu'à l'époque de la sortie d'Égypte cette exclusion aurait impliqué sa non libération. Suivant le même procédé, le simplet pose une question sur la signification générale du tout : on lui rappelle le cœur de l'événement, la sortie d'esclavage grâce à la puissante main divine ; et à celui qui ne sait pas poser de questions, il est demandé de dire : « tu raconteras à ton fils et tu lui diras : c'est dans ce but que l'Éternel a agi envers moi quand je suis sorti d'Égypte ».

Notons enfin que, de manière générale, les jeunes enfants sont très sollicités : ce sont eux qui chantent certaines des chansons centrales, ce sont eux à qui l'on demande de trouver l'*Afikoman* – un morceau de pain azyme – caché par le chef de famille, ce sont eux qui vont ouvrir la porte de la maison pour accueillir le prophète Élie.

Le modèle éducatif de la Haggadah

Quel modèle didactique peut-on identifier dans cette mise en scène ? Quelle « pédagogie de la spiritualité » ? Ma proposition est que l'attention de l'enfant, éveillée par son engagement actif, est guidée et travaillée par la soirée, et qu'il lui est transmis une pratique de l'attention à l'inhabituel, un art de questionner ce qui semble évident, et un souci pour les pratiques concrètes comme lieu de l'ancrage du sens. Prenons quelques exemples.

Le chant *Ma Nichtana* invite l'enfant à questionner ce qui sort de l'usuel. Le texte est comme provoqué par la prise de conscience de l'incident (quelque chose est différent ce soir) et cet incident est mis en mots, amené à la conscience. Les questions sont également posées sur des actions, des pratiques, qui engagent le corps : pourquoi l'on mange ceci, pourquoi l'on s'accoude de telle manière ? Ainsi, les pratiques inusuelles sont le lieu d'ancrage du sens : on arrive au sens par la pratique, et par le retour réflexif sur la pratique.

En outre, le chant sur les quatre fils vient indiquer aux adultes la manière dont ils peuvent répondre aux questions des enfants ainsi cultivées : en répondant à la mesure de ce que l'enfant peut comprendre et de ce que l'on souhaite qu'il apprenne. S'il est au niveau de pouvoir comprendre la règle, qu'on la lui explique ; s'il lui faut d'abord revoir ses rapports à autrui, qu'il le fasse ; s'il peut ne comprendre qu'une chose, qu'il comprenne le sens fondamental de la fête ; et celui qui ne sait pas poser de questions doit pour l'essentiel comprendre qu'il lui faut maintenir cette tradition.

La célébration de *Pessah* est relativement exemplaire des modalités de transmission de la tradition dans le judaïsme traditionnel : on passe de la simple immersion de l'enfant dans le bain de chants et pratiques, à la capacité progressive de poser des questions pertinentes sur ces pratiques, sur leur sens, puis sur leur raison d'être et leur rôle dans la tradition, capacité d'entrer en dialogue et de recevoir des réponses temporaires et relatives, qui ne sont que des invitations à d'autres questions[19]. De cette manière, il me semble que la fête de *Pessah* met en scène les modalités pédagogiques par lesquelles se cultive une spiritualité dynamique.

Cultiver la spiritualité chez les adultes

Mais que trouvent alors les adultes dans cette fête, peuvent-ils aussi en apprendre quelque chose ? La tradition d'étude des textes demande une interrogation constante du texte. Dans la tradition juive, on dit que tout texte appelle quatre niveaux d'interprétation : le *Pchat*, le sens évident, littéral ; le *Rémès*, le sens allusif ; le *Drach*, le sens sollicité ; et le *Sod*, le sens personnel et secret. On dit que c'est en traversant ces quatre niveaux que l'on arrive à une forme de plénitude (les initiales de ces quatre niveaux formant le mot PaRDeS, le « paradis[20] » ...).

Nous avons indiqué que le texte de la *Haggadah* était construit comme un texte à plusieurs couches, avec des pratiques, des récits bibliques et des explications de ces textes faisant appel à différents commentaires de la tradition. Par cette explication constante du texte qu'elle donne, la *Haggadah* guide la traversée des trois premiers niveaux du sens. Comment arriver au quatrième ? Comme indiqué plus haut, la tradition hassidique cherche à développer une spiritualité plus directement pertinente pour l'existence. Elle a développé des commentaires des textes qui permettent de guider une interprétation allant dans ce sens.

Dans ce qui suit, je voudrais amener le commentaire de Breslev à la *Haggadah de Pessah*[21]. Rabbi Nahman de Breslev, arrière-petit-fils du fondateur du hassidisme, le Baal-Chem-Tov (le « maître du bon nom »), a vécu entre 1772 et 1810, en Ukraine[22]. Il aurait notamment rendu accessible la Kabbale à sa communauté par ses contes. Les enseignements de Rabbi Nahman de Breslev ont été en partie transmis par ses proches et sont toujours au cœur des pratiques de certaines communautés de Juifs orthodoxes. Il me semble que les commentaires de Breslev sur la *Haggadah* suggèrent précisément le type de démarche requise par une recherche du *Sod*, du sens caché, telle qu'elle est envisagée par cette branche du hassidisme. Autrement dit, par les commentaires de Breslev, je voudrais mettre en évidence le genre de culture de la spiritualité adulte que permet le texte.

Tout au début du texte, quand la *Haggadah* annonce le début de la narration, les commentateurs de Breslev ajoutent :

> L'homme est incapable de prendre conscience soudainement de son créateur [...]. Dieu se cacha – si on peut ainsi s'exprimer – dans les récits : de la Création, d'Adam et Ève [...]. Il s'est aussi caché dans les histoires encore non relatées de chaque être humain [...]. Au cours du Séder de Pessa'h, nous faisons le récit de l'esclavage et de la sortie d'Égypte. Il fait partie de l'histoire de l'humanité en général, mais il est aussi le récit individuel de chacun d'entre nous. [...] En racontant la sortie d'Égypte, nous faisons revivre cette histoire. Puisse l'Éternel en retour faire revivre et concrétiser notre délivrance personnelle[23].

Mais de quelle délivrance est-il question ? Le commentaire de Breslev explicite en divers lieux que le fait d'être prisonnier en Égypte, dans *Mitsraïm* (le pays d'Égypte), désigne en fait l'exil de la personne sans sens, sans conscience :

> Le peuple juif en Égypte fut obligé d'exécuter des travaux improductifs, dépourvus de toute logique. Les sites de Pitom et Ramsès étaient des marécages, et les cités que les Juifs y étaient forcés de bâtir s'enfonçaient constamment dans la terre (Chemoth Rabah 1 :10). Quand un juif manque de *daath* – sa conscience de Dieu et la sienne propre – ou la perd,

> il tombe dans l'exil de « pharaon », et ses actions ne sont plus gouvernées par la réalité spirituelle. Il devient l'esclave de son imagination et de ses illusions. Poussé à agir d'après une réalité mal perçue et contraint de vivre des désillusions, ses actions sont spirituellement dépourvues de sens ; opprimé par ses désirs, il recherche le mirage du prestige, de l'argent ou des plaisirs physiques (Likouté 'Avodah Zarah 3 :4). De même, si notre Torah et nos *mitsvoth* [la manière dont les règles de la vie juive sont respectées] ne sont que l'expression d'une bonne éducation « forcée » – si elles sont dénudées, dépourvues d'enthousiasme, nous bâtissons nous aussi des édifices pour « Pharaon » qui s'enfoncent[24].

L'intérêt de ce passage est, me semble-t-il, par sa lecture métaphorique de la situation d'esclave, sa manière de caractériser la personne aliénée d'elle-même et des autres : une telle personne est engagée dans des actions dénuées de sens ; les actions paraissent répétitives, soit qu'elles sont faites par habitude, soit qu'elles n'ont pas d'objectifs de valeur, et sa vie imaginaire est déconnectée de la réalité. En contraste, la personne est libérée de cet exil dès lors que les actions retrouvent un sens, qu'elles sont orientées vers des objectifs de valeur, que l'imagination enrichit la vie, et que de cette manière ces activités se font avec enthousiasme.

Il est tout de même frappant de voir que la théorie didactique mise en place durant la soirée de *Pessah* guide précisément l'enfant vers la capacité à s'étonner des actions, à questionner leur sens, et à élaborer une réponse qui les rende signifiantes pour soi. C'est comme si cette capacité à s'étonner et s'enthousiasmer, cette forme de spiritualité au cœur de l'éducation de l'enfant, était toujours en danger de s'éteindre, le réduisant ainsi à cette forme d'aliénation.

Ainsi, chez l'adulte, d'autres formes de culture doivent être définies. En l'occurrence, le commentaire de Breslev sur la *Haggadah* file cette métaphore de l'exil. Elle questionne la nature de la servitude, la différence entre étroitesse de la conscience et servitude physique, et suggère la facilité qu'il y a à trouver la voie de la sagesse dès lors que l'on souhaite dépasser ces limites. Le commentaire montre qu'une douloureuse prise de conscience du statut d'esclave est une étape nécessaire de cette libération, ou guérison spirituelle, puis en indique la voie progressive. Il suggère que cette progression doit se faire au rythme de chacun, tout en en soulignant les dangers – comme celui de se faire envahir par ces nouvelles choses comme par la Mer rouge ouverte.

Cette lecture du texte est consonante avec une lecture traditionnelle de l'Exode, qui veut que, suite à la sortie d'Égypte, les Hébreux durent errer pendant quarante ans pour se purifier de cet état d'esclave qu'ils avaient connu. Rappelons que les Hébreux vécurent de manne, cadeau divin, durant leur errance dans le désert. Les commentateurs suggèrent souvent que « manne » vient étymologiquement de *Ma-Hou*, le même *Ma* du *Ma Nichtana* et des autres questions de *Pessah*. Ainsi, manger la manne dans le désert, c'est tous les jours *manger de la question*. Et c'est en mangeant assez de questions et en les renouvelant constamment que l'on peut arriver à la Terre promise.

Ainsi, si la *Haggadah* suggère une pratique éducative accompagnant la transmission du récit de la sortie d'Égypte visant à développer une attitude de questionnement chez l'enfant – qui serait ainsi au cœur de la spiritualité juive –, le commentaire de Breslev propose de voir le récit de la sortie d'Égypte lui-même comme un récit sur la possibilité de remettre en marche cette même attitude spirituelle chez l'adulte. Enfin, concrètement, le commentaire de Breslev se propose comme accompagnateur de cette remise en marche, en guidant le lecteur vers la définition du *sod*, le sens caché, personnel et unique que le texte peut avoir pour lui.

La spiritualité, de l'enfant à l'adulte

La spiritualité de l'homme et de la femme est difficile à définir et à mettre en œuvre, et les psychologues, qui en voient parfois l'importance, ont de la peine à la cerner. J'ai proposé de revenir à l'étymologie de la notion de spiritualité, pour y voir un mouvement dynamique et incessant. Mais dans ce cas, d'où nous vient-elle, et que fait-elle faire ?

M'éloignant des travaux des psychologues, qui tendent à voir la spiritualité comme une faculté innée et universelle, je me suis appuyée sur la tradition juive pour pouvoir en dire davantage. Le judaïsme considère notamment une certaine attitude épistémologique – de questionnement, de recherche de sens – comme une des formes de la spiritualité. En prenant l'exemple de la fête de *Pessah*, j'ai suggéré que le judaïsme a une théorie pédagogique implicite qui repose sur l'idée que la spiritualité *se cultive*. Non seulement l'enfant doit-il être accompagné et guidé par des adultes qui ajustent leur action en fonction de ses capacités, mais de plus, l'adulte est toujours au risque de perdre cette spiritualité dès lors qu'il s'enferre dans la répétition.

De cette manière, la *Haggadah de Pessah* nous transmet des connaissances à trois niveaux : dans sa mise en scène, elle est une ressource didactique accompagnant l'éveil de la capacité questionnante de l'enfant ; dans son contenu, elle narre le récit de la libération des Hébreux de l'Égypte, vers leur accès à la capacité de questionner et à leur réception des textes ; et enfin, dans son existence même, elle est une invitation faite à chaque lecteur à en faire usage pour poser de nouvelles questions et élaborer de nouveaux sens.

Ce détour par la *Haggadah* et le judaïsme me mène aux propositions suivantes. En admettant que la spiritualité soit en effet un souffle vivant, une faculté dynamique des hommes et des femmes qui leur permet de se relier à d'autres, à eux-mêmes et au divin, alors il est important de voir sa force et sa fragilité. D'une part, la spiritualité, qui peut se développer chez l'enfant comme chez l'adulte, est quelque chose qui se cultive, c'est-à-dire qui prend forme au travers d'interactions spécifiques avec d'autres et un environnement, et qui peut prendre des formes différentes en fonction des traditions qui organisent ces interactions. Comme une délicate étincelle, elle peut être nourrie et grandir en flamme forte, mais elle peut aussi être mise en péril par des environnements qui interdisent le questionnement ou imposent la répétition.

D'autre part, si la spiritualité est cette force dynamique, qui peut s'alimenter de tout bois, alors elle contribue peut-être à être ce qui, chez l'adulte, lui permet de préserver sa faculté d'étonnement, ses capacités de questionnement, la recherche de réponses toujours temporaires dans un monde changeant.

Paraboles thérapeutiques : à l'écoute des enfants et des personnes handicapées

Madeleine Natanson

« Je te loue Père, Seigneur du ciel et de la terre, d'avoir caché cela aux sages et aux intelligents et de l'avoir révélé aux tout-petits » (Mt 11,25)

Après trois années de « catéchèse » pour ses apôtres, la question posée par Jésus à Pierre n'est pas une question concernant les textes, les dogmes, une question de compréhension, d'explication théologique, mais simplement : « Simon, fils de Jean, m'aimes-tu ? » (Jn 21,15). Interrogation reprise trois fois et, si l'on consulte le texte grec, on s'aperçoit que c'est la qualité même de l'amour qui est mise en question. Le texte dit : « Pierre fut attristé... Il lui dit : "Seigneur, toi qui connais tout, tu sais bien que je t'aime" » (Jn 15,17). Pierre se dit capable de *philia*, capable d'un pauvre amour d'homme qui ne sera jamais à la hauteur de l'amour de Dieu, de cet amour oblatif, que le Nouveau Testament appelle *agapè*. Et Jésus par trois fois lui confie son troupeau : « Pais mes agneaux, sois le berger de mes brebis, pais mes brebis ! » (Jn 21, 15-17). Peut-on entendre aussi : recherche la brebis perdue ?

Comparée à l'amour de Dieu, à son dessein sur chacune de ses créatures, notre réponse humaine est toujours limitée, toujours fragile. Ce n'est pas dans la comparaison de notre intelligence, de celle du petit enfant ou de la personne handicapée, avec celle de Dieu que nous pouvons approcher la spiritualité de l'enfant ou de cet adulte dit « retardé ». Avec la psychanalyse, nous avons appris la différence entre l'*enseignement*, certes utile, des textes, et la *formation*, plus proche de la transmission des attitudes. Dans le domaine de la spiritualité des enfants, il est utile d'avoir des connaissances, mais Jésus n'a pas enseigné des dogmes. « Rabbi » a souvent cité le Premier Testament, mais pour l'appliquer à des situations concrètes où il instaurait un mode de relation nouveau, parfois choquant pour son entourage. Nous sommes ici sur le versant d'une formation qui n'est pas une accumulation de connaissances mais un vécu humain qui se branche sur le divin.

La brebis perdue

Si nous sommes persuadés que le message biblique n'a pas seulement un contenu intellectuel mais est avant tout un message vivant, capable d'envahir une vie humaine, alors une écoute impliquée peut être éclairée par notre approche biblique. C'est le langage des paraboles qui, souvent, soutient mon écoute des enfants, des adolescents et aussi de jeunes adultes handicapés. En effet, des images sont perdues en nous qui n'ont pas de mots soit parce qu'elles sont d'avant le langage, soit parce que encore innommables, elles n'ont pas encore reçu le statut de nommé.

Dans les paraboles, les images sont « un mode de pensée métaphorique, non pour des raisons rhétoriques mais à cause de ce qu'il y a à dire ». Paul Ricœur nous invite à écouter les paraboles « de telle façon que nous soyons étonnés, frappés ; renouvelés, mis en mouvement[1] ».

Ce jour là Arthur, un grand jeune homme autiste que je rencontre depuis des années, paraît particulièrement angoissé. Il s'arrache les cheveux, se griffe, se mord et quand j'essaie de lui parler, cherche à me mordre dans l'attitude régressive d'un animal apeuré. Sa mère m'a raconté que, lors d'une fête familiale, la veille, il a refusé de descendre de la voiture pour entrer dans la salle du banquet. Il est resté toute la journée dans la voiture malgré les sollicitations des personnes de la famille et les friandises qui lui furent apportées. Je me sens prise de compassion, mais comment cette compassion peut-elle féconder mes réflexions, mon approche, et « soustraire la douleur à sa solitude » selon l'expression d'Emmanuel Levinas ?

Comment atteindre Arthur à travers ce mur d'angoisse ? Ce mur de l'autisme – mise à l'épreuve quotidienne de notre « savoir psy » ? Comment transformer ce chaos en parabole ?

L'image qui se dessine pour moi est celle de la brebis perdue. « Lequel d'entre vous, s'il a cent brebis et qu'il en perde une, ne laisse pas les quatre-vingt dix-neuf autres dans le désert pour aller à la recherche de celle qui est perdue, jusqu'à ce qu'il l'ait retrouvée ? » (Lc 15,4). Cette brebis, je l'imagine derrière un buisson, se cachant des autres. « Racontez la Bible, à vos enfants et petits-enfants. Ne la leur lisez pas, mais racontez-là comme une histoire vivante que l'on écoute par plaisir et non par devoir[2] », disait André Gounelle.

Alors je raconte à Arthur la parabole. Et près d'Arthur, je me demande tout haut : « Pourquoi la brebis était-elle partie, s'était-elle perdue ? Elle était seule, elle avait faim, elle avait froid peut-être comme toi quand tu étais seul dans la voiture hier. Les autres n'arrivaient pas à comprendre. C'est pour cela qu'elle était partie, qu'elle ne pouvait pas venir avec les autres ? »

Arthur se calme, me regarde et je pense qu'il ne suffit peut-être pas de rechercher la brebis perdue, il faut préparer les autres, nous qui sommes le troupeau, pour bien recevoir cette brebis-là, pour qu'elle ait sa place, qu'elle se sente accueillie, aimée, respectée dans sa fragilité : *« Tu sais Arthur, la brebis, elle a sa place parmi les autres. »*

La mise en images, l'écoute de la parabole nous a éclairés ce soir-là, Arthur et moi. Il est reparti beaucoup plus calme. Dans un travail thérapeutique comme dans un travail sur les paraboles, le sens se dégage de la rencontre. « Ainsi la signification peut être manifestée dans une sorte de "jeu de miroir" qui est peut-être au sein du texte, le jeu du sens, le miroitement du sens », écrit Paul Ricœur[3].

Ma méditation se poursuit avec les souvenirs de mes expériences de catéchèse avec des enfants, mais aussi des enfants et jeunes adultes souffrant d'un handicap. Et les paraboles qui habitent mon écoute amènent une sorte de va-et-vient, sans confusion pourtant entre les petits et les handicapés, différents par leurs attitudes, semblables par leur fragilité.

Le grain de sénevé

Serge semble bloqué devant sa feuille blanche. Il ne peut dessiner. Il vit mal la séparation de ses parents. Je respecte son silence, sa souffrance. Il pose alors un petit point au milieu de la feuille, me regarde, se tait. Un petit point pour être présent… tout petit, tout fragile dans sa détresse…

Jésus disait : « À quoi allons-nous comparer le royaume de Dieu ? Ou par quelle parabole allons-nous le représenter ? C'est comme une graine de moutarde qui, lorsqu'on la sème en terre, est la plus petite de toutes les semences du monde. Mais quand on l'a semée, elle monte et devient plus grande que toutes les plantes potagères et elle pousse de grandes branches, si bien que les oiseaux du ciel peuvent faire leur nid à son ombre » (Mc 4,30-32).

« Si ton petit point était une petite graine ? Une graine d'espérance ? » Peu à peu le dessin se construit, se transforme, un dessin d'arbre va naître de cette fragile esquisse, comme un « éveil biblique », ainsi que les catéchètes le proposent aux tout-petits.

La petite graine, facteur de résilience, comme une bonne nouvelle pour cet enfant blessé, pour qu'il s'autorise à grandir lui-même sans rester chargé, accablé, comme coupable de l'histoire de ses parents. Petite graine déjà là dans l'enfant, puisqu'il a semé sur la feuille ce grain de spiritualité.

Moïse, un bébé poubelle à sauver ?

Véronique, une fillette atteinte de trisomie, explore le placard des jouets mis à sa disposition. Elle en sort une poupée dont un bras est cassé. « Poubelle ! », dit-elle. Je résiste : « Tu sais, moi je ne mets pas le bébé cassé à la poubelle, je le garde. » « Poubelle ! », crie Véronique, et joignant le geste à la parole, elle jette la poupée dans la corbeille à papiers. Puis, elle s'occupe d'autre chose, mais elle est agitée, semble inquiète. Au moment du départ elle m'interroge en montrant la corbeille : « Tu le gardes ? » – « Oui, je le garde. » Alors Véronique, sans retirer la poupée de la corbeille, met le tout, avec difficulté, dans le placard. Il est toujours dans la poubelle, mais il est « gardé ». « Nous le retrouverons quand tu reviendras, la semaine prochaine et nous nous en occuperons. » Véronique part en courant vers sa maman.

Et je garde cette corbeille, avec l'image du berceau de Moïse navigant sur le fleuve…

Véronique se vit-elle comme un « bébé poubelle » ?

Dans une séance précédente, alors que j'étais assise près d'elle en silence, elle avait dit : « Ne crie pas ! » – « Qui crie, Véronique ? » – « Maman crie ! » Et cette petite fille s'était mise alors à crier à son tour. Et j'entendais, me semblait-il, les deux cris mêlés de la mère blessée et de l'enfant qui se ressent la cause de la blessure. « Périsse le jour où j'allais être enfanté… Pourquoi ne suis-je pas mort dès le sein, n'ai-je pas péri aussitôt enfanté ? Pourquoi donc deux genoux m'ont-ils accueilli, pourquoi avais-je deux seins à téter ? » (Jb 3,3 ; 11-12) : Job comme un bébé poubelle ?

La blessure vécue par une famille lors de la naissance d'un enfant ayant un handicap, comment l'accepter, la transformer pour que vogue la corbeille de Moïse ? Pour qu'il se sente sauvé ? *J'aime la vie, dit-elle enfin* est le titre du dernier livre de

Georges Hourdin[4], relatant l'histoire et la dépression de Marie-Anne, sa fille trisomique.

Comme un souffle fragile

Et je retrouve Arthur. Son éducatrice est décédée d'une mort brutale. Arthur n'exprime rien sinon un regard « fou ». Ce n'est pas un discours qu'il attend de nous, de moi, mais mon silence ne peut être vide. Devant Arthur, je pose sur la table une bougie que j'allume. Il la souffle et je la rallume. Cela devient comme un jeu, à plusieurs reprises, mais c'est un jeu où la bougie peut symboliser la vie, sa vie, qu'il faut ranimer avec lui. Souffler, c'est exprimer l'angoisse de séparation, comme un dramatique « fort da ». Je peux alors prononcer quelques mots sur sa peine, celle qu'il ne peut dire, sur sa vie, sa place à respecter.*

Ainsi il me semble que la thérapie d'un jeune comme Arthur peut passer par des gestes ritualisés porteurs d'une parole dont nous savons qu'elle nous dépasse et pourtant nous est adressée. Cette parole n'est pas dans l'ouragan ni dans le tremble-

* Le *fort da* est le nom que Freud a donné à l'observation du jeu de la bobine éloignée puis rapprochée par son petit-fils quand sa mère s'éloignait : *fort*, loin ; *da*, retour. Ce jeu symbolique permet de supporter la séparation ; il est très difficile pour un psychotique.

ment de terre, ni dans le feu, mais dans « le bruissement d'un souffle » (1 R 19,12).

Faim

Pedro a souffert de malnutrition et d'abandon, avant d'avoir le bonheur d'être sauvé et adopté par une famille qui lui manifeste attention et tendresse. Cependant il a du mal à s'adapter à sa nouvelle vie, craignant toujours de perdre quelque chose et allant jusqu'à voler de menus objets comme pour s'approprier une sorte de toute-puissance après le dénuement qu'il a connu.

Quand je le reçois, un de ses premiers gestes est d'agrandir avec un feutre rouge la bouche des marottes qui sont sur une étagère. « Elles ont la bouche bien trop petite, tes poupées », dit-il ; puis il vide le placard des jouets, sans jouer avec comme pour remplir avidement l'espace. Il le fera longtemps avant de pouvoir organiser un jeu avec des animaux et ce sera d'abord sur le mode de la dévoration. Quels souvenirs enfouis de la bouche grande ouverte des affamés l'habitent encore ? Quelle faim éprouve-t-il maintenant qu'il a du pain ? « Jésus vit une foule nombreuse et il fut pris de compassion » (Mt 15,32).

Après le départ de Pedro, je songe en effet à ces millions d'enfants qui dans notre monde meurent encore de faim, aux émeutes de ces affamés signalées dans plus de trente pays. « Heureux ceux qui ont faim et soif de justice car ils seront rassasiés » (Mt 5,6). Deux faims indissociables, le pain et la justice, pour que les bouches comblées des enfants puissent rire et chanter.

Dans une approche de la spiritualité des enfants, il faut souligner le danger de l'attitude penchée vers « un petit innocent » et c'est encore plus vrai pour un handicapé mental qui se doit alors de rester « petit ». Le déficient mental n'a pas besoin de notre pitié mais de notre estime, estime due à toute personne humaine, non pas à cause de son handicap mais *malgré* celui-ci. L'écoute humble des enfants, de leurs questions, de leurs remarques, fait résonner en nous notre enfance et nous invite à transformer des vécus infantiles, des blessures aussi. Cela induit une attitude de tension entre d'une part l'enfance – celle du petit enfant porteur de spiritualité qui demeure en nous comme dans nos enfants – et d'autre part l'enfance des handicapés, jeunes ou adultes, à ne pas traiter pourtant « comme des enfants ».

Dans cette approche, il nous faut apprendre à nous taire. Des images, des rites, des attitudes font appel au sens caché, comme celle de la veuve qui balaie pour chercher sa pièce perdue, celle du père, dans la parabole dite du fils prodigue, qui se tient silencieux sur le chemin. « L'image et la musique ne passent pas par la pensée mais s'adressent aux émotions », disait le cinéaste Bergman qui a su si bien conjuguer l'image et la musique de Bach.

Alors les paraboles bibliques peuvent être citées non pas dans un but apologétique mais pour dire et notre faiblesse et notre richesse humaine.

Lumière

Dans les rencontres bibliques, les attitudes des adultes handicapés, parfois proches de celles des enfants, parfois inattendues et proches des mystiques, permettent d'accepter l'idée que nos enfants sont porteurs de spiritualité ; c'est leur permettre de cultiver celle-ci à leur manière, c'est nous en étonner parfois, y retrouver la simplicité de la foi. Les rencontres, ce sont les mains tendues, la ronde réalisée, chantée, la traversée d'un cercle, le nom prononcé de chacun, parfois la montée de quelques marches dans un grand effort et parce que des mains se tendent un peu plus haut. Et puis c'est aussi nommer Celui qui nous rassemble, nous soutient.

Dans un établissement de la Fondation John Bost*, les personnes handicapées participant à un groupe biblique entrent dans une pièce encore

* La fondation John Bost est l'œuvre du pasteur John Bost fondée en 1848 et qui reçoit de grands handicapés jeunes et adultes. Son siège est à La Force en France (près de Bergerac). Il existe un certain nombre d'établissements répartis en France, dont un en Haute-Normandie, à Roumare.

sombre, et une monitrice allume alors une bougie devant chacun d'eux : « Moi, la lumière, je suis venu dans le monde afin que quiconque croit en moi ne demeure pas dans les ténèbres » (Jn 12,46).

Jérôme, handicapé mental, seul dans sa chambre, contemplant la bougie qu'il venait d'allumer, murmure doucement : « Jésus est ma lumière. » « Tu sais, Dieu te connaît », est allé dire Gérard au jardinier du Centre médico-psychologique.

« En vérité, je vous le déclare, si vous ne changez et ne devenez pas comme les petits enfants, non, vous n'entrerez pas dans le royaume des cieux » (Mt 18,3). C'est une invitation, non à régresser, mais à retrouver en nous l'enfant fragile à respecter, la brebis perdue à accueillir. Le texte sur la brebis perdue, ainsi que le souligne Lytta Basset[5], est précédé de l'invitation par Jésus à accepter les enfants. Pour rejoindre l'autre le plus fragile, pour retrouver ce qui était perdu, ne faut-il pas retrouver en soi des images de l'enfance blessée ?

Mettre les textes bibliques à la portée des petits, des fragiles, sans en rien trahir, est source d'enrichissement pour chacun de nous. Avec les personnages bibliques nous redécouvrons un autre rapport à l'autre. Les jeunes de Sarepta, établissement de la Fondation John Bost, participent au culte dans la paroisse de temps en temps. Accueillis par les paroissiens, ils y ont leur place, parfois silencieuse, parfois bruyante. Mais le petit, le pauvre « irait se coller aux dernières places de la maison du Seigneur, la sienne[6] », selon le mot de Bernanos, si la communauté, l'Église, ne parvenait pas à lui faire une place, à reconnaître en lui un signe de l'amour de Dieu.

Approche poétique, approche spirituelle

Cordélia, une jeune femme trisomique souffrant d'une grave malformation cardiaque, que j'ai pu suivre pendant plus de vingt ans, écrivait des poèmes souvent accompagnés d'un dessin. Un jour, elle évoqua la blessure et l'espérance de sa naissance. Le dessin : un rectangle tout noir ; et puis autour, son écriture :

C'est la nuit où je suis née
Mon enfance
Toi qui me chantes pour m'endormir
Le loup hurle au-dessus de la mer
Il y a mon esprit du Seigneur.

Quelque temps auparavant, elle avait écrit :

Je ris et je pleure de joie
Parce que je ne suis pas une grande fille
Alors je me donne un formidable coup de tête
Aïe aïe
Et j'ai horriblement mal à la tête
Rien que d'amour.

Quand Cordélia est décédée, son cœur ayant fini par lâcher, l'officiant a repris quelques-unes de ses paroles dans son homélie, les offrant à notre méditation. Il a commencé ainsi : « Écoutez, c'est Cordélia qui vous parle. »

Il m'a été dit et je ne sais comment : « le Seigneur va venir chez toi. Il se tient à la porte de ton cœur ». Avec joie, j'ai accueilli la nouvelle que mon cœur seul pouvait comprendre. Le Dieu très grand qui me fait presque peur ! Est-il possible qu'il se plaise chez moi ? Je crains qu'Il ne trouve rien de très beau en moi. Je suis si petite et Il est le Seigneur du monde. Que lui dirai-je en guise de bienvenue ? Qui peut seulement m'aider ? Mon papa, il est au ciel. Je veux demander à la Mère de Dieu, elle sait certainement ce que Jésus aime. Elle me dit : « Mon enfant, n'aie pas peur ! Mon fils aime les petits plus que les autres, ceux qui ressemblent aux enfants. Avec grande joie prépare-toi pour lui seul ! Lorsqu'il vient, dis-lui : "Accepte mon offrande avec tous ceux qui m'ont aimée sur la terre, et apprends-moi, Jésus, ce qui te fait plaisir sur la terre comme au ciel ! Jésus, tu m'as choisie dès le sein de ma maman, pour vivre devant toi. Je t'offre tout ce que je suis". »*

* Cordélia avait 43 ans. Je la connaissais depuis l'âge de 5 ans, mais j'ai découvert, lors de cette célébration, ce texte qu'elle avait écrit dans le secret de sa chambre, au moment de sa profession de foi, et que sa famille a eu la délicatesse de me

Dans cet accompagnement avec Cordélia, un texte de notre ami le philosophe Emmanuel Mounier m'a aussi aidée, lettre qu'il a écrite à son épouse le 20 mars 1940, à propos de leur fille lourdement handicapée :

> Quel sens aurait tout cela si notre petite gosse n'était qu'un morceau de chair abîmée on ne sait où, un peu de vie accidentée et non cette blanche petite hostie qui nous dépasse tous, une infinité de mystère et d'amour qui nous éblouirait si nous le voyions face à face. (…) Tu entends cette pauvre petite voix suppliante de tous les enfants martyrs dans le monde et ce regret d'avoir perdu leur enfance, au cœur de millions d'hommes qui nous demandent comme un pauvre au bord du chemin : « Dites, vous qui avez votre amour, les mains pleines de lumière, vous voulez bien donner encore cela pour nous[7] ? »

---

confier. De cette enfant, de cette femme si handicapée, j'ai beaucoup appris. Lors d'une hospitalisation, elle m'avait dit au téléphone : « J'ai besoin de toutes mes forces, il faut m'aider à garder toutes mes forces. » Je m'étais trouvée en position de répondre à une demande pédagogique d'apprentissage, ponctuée par une plainte qui interpellait en moi la thérapeute, mais aussi la chrétienne dans la mesure où Cordélia ouvrait dans notre relation un espace éthique, spirituel.

Thérèse de Lisieux et l'enfance spirituelle : relire *Le Divin Petit Mendiant de Noël*

Sylvie Barnay

Thérèse de Lisieux : Thérèse de l'Enfant-Jésus

Les statues la représentent avec un bouquet de roses à la main, l'Église la canonise le 17 mai 1925 : sainte Thérèse de l'Enfant-Jésus devient alors une des figures les plus vénérées du catholicisme du XXe siècle. Le 9 avril 1888, Thérèse de Lisieux (†1897) entre à 15 ans au Carmel sous le nom de Thérèse de l'Enfant-Jésus. La carmélite, née à Alençon le 2 janvier 1873, est encore une toute jeune fille à l'enfance marquée par la mort de sa mère et l'entrée de sa sœur Pauline au Carmel de Lisieux. Déjà la petite fille de 9 ans – qui nourrit le désir d'entrer elle aussi au Carmel – s'était interrogée en son cœur sur le nom de religieuse qui serait le sien le matin de sa première visite à Pauline : « Tout à coup, je pensai au Petit Jésus que j'aimais tant et je me dis : Oh ! que je serai heureuse de m'appeler Thérèse de l'Enfant-Jésus[1] ! »

La neuvième enfant des Martin a été bercée dans le climat de piété de l'imitation du Christ-Jésus qui est propre à son temps[2]. Le rigorisme ambiant teinté d'expiation et de réparation pour les péchés explique que l'enfant fasse par exemple une neuvaine* de sacrifices pour se préparer à la fête de Noël[3]. Comme toutes les petites filles du milieu de la notabilité provinciale à laquelle elle appartient, Thérèse est aussi une « enfant de Marie[4] ». Elle a sans doute porté la robe blanche à nœud bleu qui fait d'elle une « petite » Vierge Marie semblable à celle des apparitions de Lourdes de 1858. L'éducation religieuse qu'elle reçoit imprime ainsi sa marque sur la spiritualité d'enfant qui est la sienne. Thérèse confiera plus tard qu'elle fit également très tôt, dans l'enfance, l'expérience de la rencontre personnelle avec le Dieu fait homme du christianisme, le Dieu de la Nativité : « La nuit de Noël 1886 fut, il est vrai, décisive pour ma vocation, mais pour la nommer plus clairement je dois l'appeler : la nuit de ma conversion. En cette nuit bénie, dont il est écrit qu'elle éclaire les délices de Dieu même, Jésus qui se faisait enfant par amour pour moi daigna me faire sortir des langes et des imperfections de l'enfance, Il me transforma de telle sorte que je ne me reconnaissais plus moi-même[5]. »

---

* Prière d'une durée de neuf jours – ou neuf mois, ou neuf années – (d'où le nom de « neuvaine ») qui consiste à demander l'intercession de la Vierge ou des saints.

Au fil de ses cahiers autobiographiques mis par écrit en décembre 1894 sur ordre de mère Agnès de Jésus (sa sœur Pauline devenue prieure), la carmélite témoigne de l'expérience d'enfance vécue en Dieu qui fut la sienne. Thérèse de l'Enfant-Jésus dit et décrit, en effet, le mouvement de l'âme qui fait l'expérience de l'enfance de Dieu afin de l'imiter et de grandir ensuite dans la vie spirituelle. À cette fin, elle choisit aussi de chorégraphier ce mouvement d'imitation du Christ dans une forme d'écriture singulière : le théâtre. C'est dans ce but qu'elle écrit en 1895, à l'âge de vingt-deux ans, la pièce de théâtre intitulée *Le Divin Petit Mendiant de Noël demandant l'aumône aux carmélites.* Elle met ainsi en scène l'enfance spirituelle vécue au Carmel à la fin du XIXe siècle, consistant à entrer dans le mystère de la ressemblance avec l'enfant Jésus.

L'enfance spirituelle au Carmel

> Marie venant au berceau
> Verra près de son Agneau
> Un Agneau qui lui ressemble[6].

Par ces vers, Thérèse de l'Enfant-Jésus termine *Le Divin Petit Mendiant de Noël demandant l'aumône aux carmélites.* C'est pour le soir de Noël que la carmélite en a écrit le scénario destiné à être joué en « récréation » par la communauté selon la pratique alors en usage dans tous les Carmels de la réforme[7]. Diversement appelé « composition récréative » ou « récréation pieuse », ce moment théâtral n'est pas seulement l'occasion d'un office récréatif ou paraliturgique[8]. Il s'apparente d'abord et surtout à l'*art de la mémoire* – aspect semble-t-il méconnu de l'historiographie* thérésienne[9].

Le XVIe siècle de Thérèse d'Avila a intensément renouvelé cette pratique médiévale héritée de l'Antiquité[10]. Au Moyen Âge, l'art de la mémoire consiste à imaginer mentalement un lieu et à y mettre les images qui viennent librement à l'esprit afin de voir Dieu. Les méditations monastiques ou les sommes scolastiques** ont ainsi imaginé quantité de cloîtres et de jardins, de cathédrales et de palais remplis d'images de toutes sortes pour se souvenir de Dieu : lys, roses, miroirs, vases, cris-

* L'historiographie (mot dérivé du grec, signifiant « écriture de l'histoire ») consiste à montrer comment les historiens ont interprété l'histoire à telle ou telle époque. La manière d'écrire l'histoire de Thérèse de l'Enfant-Jésus depuis le début du XXe siècle relève de ce champ disciplinaire.

** La scolastique (du latin *scholae*, école) est le nom donné à la philosophie enseignée dans les universités du Moyen Âge à partir du XIIIe siècle. Elle se caractérise par le désir de lier la vie intellectuelle à la vie religieuse. Cette philosophie a donné lieu à d'importantes synthèses appelées « sommes », par exemple la « Somme » de saint Thomas d'Aquin.

taux, étoffes… À l'aide de ces images, les hommes du Moyen Âge revisitaient mentalement toute l'histoire chrétienne[11]. Les peintres ont rendu visibles ces représentations intérieures. À partir de 1438, alors qu'il peint l'Annonciation au couvent de San Marco à Florence, Fra Angelico imagine par exemple un jardin de fleurs blanches et rouges pour inviter l'âme à se souvenir de la Nativité et de la Passion du Christ[12]… Un siècle plus tard, en 1548, Ignace de Loyola fait de l'art de la mémoire la méthode de ses *Exercices spirituels*[13]. Le *Château intérieur* aux sept demeures écrit par Thérèse d'Avila – la réformatrice du Carmel – en 1577 constitue, quant à lui, une mise en forme littéraire totalement aboutie de cet art. De demeures en demeures, d'images intérieures en images intérieures fixées dans ces lieux, les âmes du XVIe siècle apprenaient pas à pas l'art d'aimer Dieu en son Fils par la grâce du Saint-Esprit.

Au milieu du XIXe siècle, la nouvelle traduction française des œuvres de Thérèse d'Avila[14] contribue grandement à donner son armature contemplative à la spiritualité d'union à Dieu des carmélites de Lisieux. Les moniales du siècle de Thérèse de l'Enfant-Jésus se savent toujours filles de la Santa Madre. Elles ont lu ou médité le *Château intérieur*… Elles sont donc aussi les héritières d'une manière de dire et de décrire le mouvement spirituel qui conduit l'âme à s'unir à Dieu au moyen d'images rangées dans des lieux imaginés.

Mais elles sont aussi à part entière les auteurs de leur propre création littéraire. Aussi, quand il s'agit de répondre à l'ordre qui lui est fait à partir de l'hiver 1894-1895 de consigner dans l'écriture l'histoire de sa vie, Thérèse devient un écrivain[15]. C'est de manière libre qu'elle rédige la plupart de ses récréations théâtrales et de ses poésies[16].

Pour écrire *Le Divin Petit Mendiant de Noël*, Thérèse opte pour une écriture de chair et de souffle. En ce sens, elle confie à son théâtre le soin de traduire, sous une forme accessible à toute âme et dépouillée de toute dimension personnelle, l'expérience d'enfance vécue en Dieu qui fut la sienne et à laquelle elle donne le nom de « petite voie[17] ». Les images qui surgissent dans sa création littéraire ont donc pour but de faire entendre la parole d'amour du Dieu de la Crèche. Elles disent aussi de manière neuve ce qu'est la voie de la « petitesse » pour celle qui demande à prendre le nom de sœur Thérèse de l'Enfant-Jésus en entrant au Carmel le 9 avril 1888[18]. Une voie d'imitation du Christ enfant dont la Vierge Marie est la bienveillante enseignante.

L'ange messager du verbe enfant

Selon le théâtre imaginé par Thérèse, la pièce du *Divin Petit Mendiant de Noël* se déroule en vingt-six « actes » – correspondant aux vingt-six strophes ou couplets qui la composent. Les vingt-six sœurs de la communauté de Lisieux sont invitées à se présenter par rang de religion – à commencer par la supérieure – devant le petit Jésus de cire de la Crèche, puis à tirer au hasard une des strophes dans une corbeille avant de le donner à un « ange » – sans doute joué par la postulante sœur Marie de l'Eucharistie – chargé de chanter les couplets sur différents airs liturgiques[19]. C'est au XVe siècle que les Jésus en cire ont fait leur apparition dans les couvents rhénans avant d'arriver en Espagne dans le sillage de la *Devotio moderna* – ce mouvement de rénovation spirituelle venu des pays rhéno-flamands qui traverse alors toute l'Europe[20]. Au début du XVIIe siècle, la dévotion à l'Enfant Jésus se répand en France par le biais des carmélites espagnoles qui transportent dans leurs malles des collections de petites statuettes. Les confréries en font progressivement leur usage[21]. Également écho de la piété des laïcs tournée, au XIXe siècle, vers la Sainte Famille, le Carmel de Lisieux vient tout juste d'acquérir un de ces Jésus en cire[22]. On sait que Thérèse elle-même l'emmaillote[23].

Mettre en scène l'expérience mystique, c'est ici rendre visible par le biais du théâtre le cheminement qui permet à l'âme d'entrer dans le mystère de l'enfance de Jésus. Thérèse s'y emploie d'entrée de jeu en ouvrant la récréation de Noël par l'apparition de l'ange figuré par la moniale. Le voici qui se met véritablement à « faire l'ange », c'est-à-dire à jouer son rôle de médiateur entre ciel et terre et d'envoyé des volontés divines en disant :

> Au nom de Celui que j'adore,
> Mes sœurs, je viens tendre la main
> Et chanter pour l'Enfant Divin
> Car Il ne peut parler encore[24]...

Tout se passe alors comme si l'ange était mis en posture de révéler la parole divine aussi bien dans l'ordre de la composition littéraire de la pièce de théâtre que dans l'ordre de sa réalisation sur scène.

En effet, Thérèse n'écrit pas pour faire de la littérature ou de la fiction. Elle écrit pour que la parole de Dieu soit incarnée dans un vécu, pour que ses sœurs du Carmel vivent elles aussi à leur tour la *ressemblance au Christ enfant*. La figure de l'ange permet par exemple de montrer cette correspondance entre modèle littéraire et réalité expérimentée. Comme figure du discours qui s'écrit, l'ange est bien celui qui parle au nom de Dieu pour inspirer à Thérèse son écriture. Il est un souffleur. Comme figure du jeu qui se joue, l'ange est aussi un acteur du passage de la parole divine à la parole humaine. Il est un révélateur. Ainsi s'opère une mise en correspondance entre le souffle et la chair, entre l'inspiration faite à Thérèse et son expiration par la voix humaine qui peut alors chanter la voix divine. Aussi l'ange peut-il devenir un messager de Dieu pour les carmélites – « les sœurs des anges », ses familières –, en leur communiquant sa parole :

> Je vous dirai le désir
> De l'Enfant caché dans les langes
> À vous, pures comme des anges[25]

Plongé dans l'oraison, le cœur de Thérèse s'est d'abord ouvert sur cette image simple de l'ange, une image capable de faire le lien entre l'invisible et le visible. Une image capable de parler à l'âme qui ressemble à l'Enfant Jésus « caché dans les langes ». Et la parole le chante parce que Thérèse choisit de prolonger son oraison dans le théâtre. Le théâtre est aussi le lieu où Thérèse fait entrer cette première image pour faire mémoire du « Mendiant de Noël » comme l'a fait avant elle toute la tradition carmélitaine[26].

Aux XVIIe et XVIIIe siècles, le théâtre chrétien n'était pas seulement le lieu concret de la représentation des « mystères » de la vie du Christ ou des saints. Il était aussi un lieu mental, un des lieux les plus prisés par l'art de la mémoire[27]. Pour se remémorer les scènes dont il fallait se souvenir, on découpait les récits en séquences auxquelles étaient associées des images distribuées dans les colonnes, les portes ou les niches du théâtre imaginé. Comme dans les traités de rhétorique antique, il était en effet recommandé de créer un lieu de mémoire, par exemple un décor de théâtre. Le but de la construction de ce lieu de mémoire, de ce décor, était de fournir des emplacements pour loger la multitude des idées constituant la somme des connaissances humaines – ici, de la connaissance de l'enfance de Dieu. Une image était ainsi attribuée à chaque point dont il fallait se souvenir. Les images devaient être suffisamment inhabituelles et frappantes pour créer un tableau en tous points mémorable[28].

Thérèse de l'Enfant-Jésus opère de même. Sur la scène de son théâtre d'écriture de la récréation comme dans la salle du chapitre – ou peut-être du chauffoir – où est jouée la saynète, elle fait venir des images inoubliables pour que la Nativité soit remémorée. Aussi c'est maintenant sous la forme d'un jaillissement d'images angéliques que le désir de l'enfant Dieu – qui est de demander l'aumône aux carmélites – se fait parole, c'est-à-dire qu'il se révèle dans la composition poétique et qu'il s'incarne dans la vie du Carmel.

La ressemblance au Christ enfant

De Jésus, votre seul Trésor
Écoutez le désir aimable.
Il vous demande un trône d'or
N'en trouvant aucun dans l'étable[29].

Le divin vouloir a pris, dans ce premier billet tiré au hasard, la forme d'un trône d'or. Image saillante, image à retenir. Aux moniales d'accomplir en leur âme le retournement qui leur permettra précisément de répondre au désir de Dieu, de lui donner un trône d'or en aumône. Seule l'âme qui s'est en effet dépouillée des différentes images qui constituent sa volonté personnelle et son amour propre peut espérer parvenir à être elle-même « un trône d'or », autrement dit une image de Dieu :

> Pour son Trône d'or
> C'est votre cœur pur qu'il désire[30].

Dans chaque âme chrétienne, l'ange du théâtre de Thérèse insuffle ainsi ce modèle d'imitation du Christ enfant : que l'âme soit à son image et à sa ressemblance !

Dans la culture chrétienne, l'image, en effet, n'est pas seulement une image concrète, par exemple une peinture. Elle n'est pas seulement une image mentale, l'être humain pensant et écrivant au moyen d'images. Elle permet aussi d'exprimer le rapport entre l'humain et Dieu, l'humain étant créé « à l'image et à la ressemblance de Dieu » (Gn 1,26-27). Les images mobilisées par Thérèse sont bien à l'image de Dieu[31]. L'âme qui entre dans le théâtre connaît maintenant l'image qui la mène à être à la ressemblance de l'enfant de la Crèche, c'est-à-dire à devenir le trône du Roi-Dieu. À cet instant, elle est âme de très haute noblesse. Et son « château intérieur » est à cet endroit « une étable ».

Les codes de l'amour courtois qui régissent le *Château intérieur* de Thérèse d'Avila (†1582) sont étrangers à la mentalité de Thérèse de l'Enfant-Jésus. Mais la carmélite du XIXe siècle, qui charge sa composition théâtrale de dire et de décrire le mouvement de l'âme entrant dans le mystère de Noël, sait toutes les qualités chevaleresques dont celle-ci doit se revêtir pour *être à l'image de l'enfant Jésus*. Aussi, l'âme qui s'avance vers Dieu, le cœur brûlant de désir, pourra tenir à la main le blason en tout point semblable à celui également dessiné par la mystique[32]. La devise des armoiries « L'Amour ne se paie que par l'Amour » dicte sa conduite. L'âme noble est en effet celle qui connaît son endettement auprès de Dieu, de ce Dieu qui demande l'aumône aux carmélites et que Thérèse comblera en lui offrant un trône d'or[33].

Sous la plume « angélique » de Thérèse, l'aumône est d'or. Elle est aussi de lait :

> Donnez, ma sœur, un peu de Lait
> À Jésus, votre petit Frère[34] !

La contemplation du don divin fait à Marie appelle à présent une image lactée. À partir du

XIIe siècle, la tradition chrétienne, notamment cistercienne, a largement contribué à diffuser ces images de lactation. L'hagiographe Pierre de Celles (†1183) voit déjà en saint Bernard le « nourrisson très familier de Notre Dame[35] ». Dans la littérature médiévale, les moines sont présentés comme les frères de lait du Christ, alors que s'affirme la doctrine de la maternité spirituelle de Marie[36]. On les voit également jouer « à la pieuse simplicité » avec l'Enfant Jésus sous l'œil attentif de la Vierge, qui devient la Mère selon le Verbe de toute une génération de moines[37]. La plume de Thérèse retrouve ces mêmes accents :

> Il vous sourit
> Tout bas vous redit :
> C'est la simplicité que j'aime[38].

Les âmes qui jouent avec l'enfant Jésus ne sont donc pas seulement des âmes nobles, ce sont aussi des âmes simples. Thérèse de l'Enfant-Jésus raconte elle-même dans ses cahiers autobiographiques comment elle s'était donnée en « petit jouet » à l'Enfant Jésus : « Depuis quelques temps, je m'étais offerte à l'Enfant Jésus pour être son *petit jouet* [...]. En un mot, je voulais amuser le *petit* Jésus, lui faire plaisir, je voulais me livrer à ses caprices enfantins[39]... »

La voie de la « petitesse »

Dans le vocabulaire thérésien, la simplicité participe de l'état de petitesse[40]. C'est dans la lettre du 24 février 1895 que Thérèse commence à s'appeler « toute petite[41] ». Toute petite comme le Dieu qui s'est fait « si petit », comme elle l'écrira dans un de ses billets[42]. La sainte puise dans l'Écriture sainte l'origine de la « petite voie » qu'elle recherche : « j'ai lu ces mots sortis de la bouche de la Sagesse Éternelle : Si quelqu'un est tout petit qu'il vienne à moi[43] ». La petitesse n'apparaît pas comme une équivalence de la simplicité, mais comme ce qui permet d'y accéder. L'âme qui s'est dépouillée de son vouloir propre s'est en effet abaissée aussi bas qu'il est possible. Par son abaissement, sa « petitesse », elle a offert à Dieu sa reconnaissance de dette sous la forme d'un « trône d'or » ou sous la forme de ce « lait » marial appelé également dans les poésies de la carmélite « pain des anges[44] ». Désormais, l'âme est simple. Elle est simple parce que Dieu la regarde comme son image, son trône d'or, son lait d'amour :

> Noël, Noël,
> Je descends du Ciel
> Car mon Lait d'amour, c'est toi-même[45].

Dans ces vers, la poésie exprime librement la théologie de la kénose – l'anéantissement de la divinité devant l'humanité – explorée de manière renouvelée au XIXe siècle[46].

À mesure que la carmélite écrit la composition théâtrale et que les sœurs réunies en récréation écoutent l'ange chanter les strophes créatrices, les images frappantes viennent rendre audible le Verbe de Dieu :

> Ah ! venez dans la pauvre étable
> Votre âme est un cristal brillant [...]
> Ah ! soyez la vivante image
> Le pur Miroir de votre Époux
> L'éclat Divin de son Visage
> Il veut le contempler en vous[47] !

L'image du *miroir* qui s'impose maintenant à Thérèse lui permet à nouveau d'exprimer le chant d'amour qui s'élève en elle. Cette image est d'origine scripturaire : « Aujourd'hui nous voyons au moyen d'un miroir, d'une manière obscure, mais alors nous verrons face à face » (I Co 13,12). Les Pères de l'Église ont invité à une compréhension du miroir comme « instrument du retour offert par le Créateur à ses créatures pour qu'elles puissent revenir vers lui[48]. » Ils ont montré que le miroir qui existe au fond de chaque être ne fonctionne plus, le voile du péché – qui est la rupture de la relation entre l'humain et Dieu – l'ayant recouvert et noirci[49]. Or, pour Thérèse, l'âme rendue petite et simple ressemble maintenant à un miroir théophanique*. Le divin désir a fini par consumer tous les reflets narcissiques qui l'empêchaient d'accéder à la vision de la Nativité. Aussi l'enfant Jésus présenté ici sous les traits d'un Époux – l'enfant Époux – peut à nouveau se voir dans l'âme de la contemplative : « Son visage, son visage, Il veut le contempler en vous[50]. » À ce stade, Thérèse et ses sœurs sont invitées à jouer à être « l'épouse » de l'époux.

Le désir de Dieu que l'ange communique à la carmélite active à cet instant mille images : l'image du miroir mais aussi de l'étoile, des roses, de la vallée, de la grappe de raisin, de la lyre, du jouet, du pain, de la fleur, du palais, de la couronne de lys, des bonbons, du gâteau, du feu, du miel, des langes, du berceau, de l'oreiller :

> Eh bien ! l'Oreiller qu'Il désire
> C'est votre cœur brûlant d'amour [...]
> Et soyez aussi la Fleurette
> De votre Époux, le Roi du Ciel [...]
> Mais sur la terre c'est vous
> Le foyer de votre Époux[51].

La mystique dite « nuptiale » est sous-jacente à toutes ces images. Empruntant la forme d'un dialogue d'amour entre le fiancé et la fiancée tiré du

---

* Dans la Bible, la théophanie désigne la manifestation de Dieu sous une forme visible (nuée, « bruit » de fin silence, feu, buisson ardent, etc.).

Cantique des Cantiques, elle traverse toute la tradition carmélitaine[52]. Elle désigne la voie amoureuse qui conduit l'âme à s'unir à Dieu jusqu'à s'offrir totalement. Thérèse retrouve ainsi le *sponsus infans* – l'enfant-Époux – terminologie habituelle dans les homélies qui ont commenté ce chant biblique pour dire le mystère de l'âme se transformant en épouse[53]. Ce qui se joue sur la scène du théâtre de la mémoire et s'opère dans l'écriture est une préfiguration de la consommation des noces mystiques. Ce terme traduit dans un vocabulaire actualisé ce que le Moyen Âge désigne par l'expression « échange des cœurs » : quand Dieu et l'âme échangent amoureusement leurs cœurs, quand nature divine et nature humaine ne font plus qu'une. Au cœur de Noël, les moniales vivent la naissance du désir de *vouloir le désir de Dieu.* Par grâce, elles sont maintenant en état de mendier Dieu à l'image et à la ressemblance du divin petit mendiant qui leur a demandé l'aumône.

L'ascenseur : analogie pour la fin du XIXe siècle

C'est pourquoi l'ensemble des strophes sont encore traversées par l'attente religieuse suscitée par les images elles-mêmes : la montée au ciel. Dans les récits, la fonction des images est en effet de provoquer « la remontée vers le haut », autrement dit d'élever l'âme vers Dieu, ce que la théologie mystique nomme « l'anagogie* ». Pour Thérèse, l'anagogie est semblable à un « ascenseur ». Dans ses manuscrits autobiographiques, elle confie : « [...] mais je veux chercher le moyen d'aller au Ciel par une petite voie bien droite, bien courte, une petite voie toute nouvelle. Nous sommes dans un siècle d'inventions, maintenant ce n'est plus la peine de gravir les marches d'un escalier, chez les riches un ascenseur le remplace avantageusement. Moi, je voudrais aussi trouver un ascenseur pour m'élever jusqu'à Jésus, car je suis trop petite pour monter le rude escalier de la perfection[54]. » Les carmélites riches de mendier Dieu ont à présent devant elles la « petite voie toute nouvelle » d'union à Dieu tracée par Thérèse. Dans la *Récréation pieuse* écrite pour la communauté, cette « petite voie bien droite, bien courte » est énoncée au moyen de symboles[55]. Elle consiste en une contemplation divine faite de correspondances symboliques entre la terre et le ciel.

Étymologiquement, le *sumbolon* grec (ou « symbole ») est constitué de deux morceaux d'un objet brisé qui sont réunis pour prouver une alliance entre deux personnes – un tesson de poterie cassé en deux par exemple[56]. Dans la *Récréation pieuse*

* L'anagogie (du grec *anagôgè* signifiant « action d'emmener en haut ») désigne l'élévation de l'âme dans la contemplation des réalités divines.

de Thérèse, le symbole fonctionne comme son étymologie l'indique. Il réalise l'alliance entre l'être humain et Dieu. Il accomplit leur sainte union. Il est l'instrument par excellence de l'anagogie vécue dans toutes les composantes de la vie monastique. Ainsi, puisque le Christ est le vin de l'eucharistie, l'âme est « une grappe de raisin ». Puisqu'il est le pain, l'âme est « une petite hostie ». Puisqu'il est le jardinier des Évangiles, l'âme est « une fleurette ». Puisqu'il est le Christ couronné d'épines, l'âme est une « couronne de lys » … Et puisqu'il est l'enfant de Noël, l'âme est son « berceau[57] ». Dans son ascension, l'âme à la recherche de son unité connaît ainsi, par le biais du symbole, sa filiation divine. Elle est l'*enfant de Dieu*, l'agneau à la ressemblance de l'agneau que la Vierge Marie voit en venant au berceau… La pièce de théâtre s'achève – en même temps que la « récréation » du soir de Noël 1895 – sur cet accomplissement.

Mais cette ascension anagogique ouvre aussi une perspective – un désir sans horizon dans l'au-delà du ciel –, aussi vertigineuse que pouvait l'exprimer en cette toute fin du XIXe siècle l'image de l'ascenseur des nobles demeures. Elle implique l'élévation du regard de Thérèse vers le désir de devenir par grâce ce que la Vierge est par nature. Ce sera aussi le sens de l'ultime prière de Thérèse du 8 septembre 1897 écrite à la main d'une écriture tremblée avant de mourir : « Ô

Marie, si j'étais la Reine du Ciel et que vous soyez Thérèse, je voudrais être Thérèse afin que vous soyez la Reine du Ciel[58]. » Le désir de ressemblance à Marie implique que l'âme ressemble à la Vierge, l'imite non pas en la copiant, mais en se transformant progressivement, pour prendre sa « forme » – vie pour ainsi dire « marieforme » si magnifiquement chantée par la mystique des XVIIe et XVIIIe siècles, par exemple. L'hagiographie de la tradition chrétienne a également raconté sans fin comment les âmes qui s'identifient à Marie font de leur âme une crèche de la Nativité pour enfanter le Christ[59]. Ce désir de trouver les gestes d'imitation de Marie s'exprime ainsi à travers tous les vers du *Divin Petit Mendiant de Noël.* Il est imprimé dans les cœurs par la médiation des anges qui, dans le texte, soufflent, par exemple :

> Et garnissez en ce jour
> De Langes la pauvre crèche[60].

Il revient aux âmes, d'abord mises en *posture enfantine* de ressembler à l'Enfant Jésus, de parvenir maintenant à ressembler à Marie, à vivre la vie de forme mariale qui consiste à enfanter spirituellement le Christ.

À ce titre, l'adjectif qu'il convient peut-être d'utiliser pour qualifier le théâtre de Thérèse de l'Enfant-Jésus est celui de « prophétique[61] ». La carmélite tente en effet, à travers les vers du *Divin Petit Mendiant de Noël*, non pas d'annoncer, mais de se souvenir du futur céleste de l'âme qui est d'enfanter le Verbe de Dieu.

Notes sur l'esprit d'enfance bernanosien

Yves Bridel

« L'heure des saints vient toujours. […] *Notre Église est l'Église des saints.* Mais qui se met en peine des saints ? On voudrait qu'ils fussent des vieillards pleins d'expérience et de politique, et la plupart sont des enfants. Or l'enfance est seule contre tous[1] », proclamait Bernanos dans ce chef-d'œuvre qu'est *Jeanne, relapse et sainte*, publié pour la première fois en 1929. Il avait commencé ce bel opuscule, tout animé par l'esprit d'enfance, par ces lignes :

> […] on voudrait que Jeanne d'Arc n'appartînt plus qu'aux enfants. D'ailleurs, s'ils veulent, tout leur appartient désormais : les vieux vont lâcher le monde. […] Le cœur du monde bat toujours. L'enfance est ce cœur. N'était ce doux scandale de l'enfance, l'avarice et la ruse eussent, en un siècle ou deux, tari la terre. La pauvre planète, en dépit de ses chimistes et de ses ingénieurs, ne serait qu'un os blanchi lancé à travers l'espace. Mais l'esprit de

vieillesse qui conquiert patiemment le monde, le perd chaque fois au bon moment, puis recommence pour le perdre encore, inlassable, inexorable[2].

Ces quelques lignes évoquent bien l'esprit d'enfance tel qu'on le trouve partout dans l'œuvre de Bernanos, dont il est l'une des clés, et en particulier dans les deux romans majeurs – *Le Journal d'un curé de campagne* et *La Nouvelle Histoire de Mouchette* –, comme dans *Les Grands Cimetières sous la lune* ou *Les Enfants humiliés.*

Pour Bernanos, l'esprit d'enfance ne se conçoit pas en dehors de la spiritualité catholique, dont il est, pour lui, une pièce essentielle. Ceux qui l'incarnent sont des saints et en premier lieu Jeanne d'Arc et sainte Thérèse de l'Enfant Jésus, mais aussi saint François, sans oublier, bien sûr, la Vierge et l'Enfant Jésus. Il se caractérise avant tout par la relation à Dieu : celui qui vit selon l'esprit d'enfance est vis-à-vis de Dieu comme l'enfant vis-à-vis de son père ; il a avec Lui une relation parentale, il s'abandonne à Lui, il attend tout de Lui. C'est cette relation qui est au centre de la voie de l'enfance spirituelle, et c'est dans cette attitude de confiance et d'insouciance que s'ancrent l'ouverture à l'autre, la modestie, l'humilité. Mais aussi la vitalité, le goût de l'aventure, l'engagement total, l'espérance, la révolte contre tout ce qui peut s'opposer à cet élan vital. Cette voie n'a rien à voir avec un infantilisme régressif : elle est « l'achèvement même de la nature de l'enfance humaine[3] », comme l'explique Karl Rahner. Elle est le développement, chez l'adulte, de l'être de l'enfant, cet être en devenir mais qui est déjà « esprit et corps, nature et grâce, nature et personne, autonomie et dépendance à l'égard du monde et de l'histoire. Et pourtant, tout ce donné est encore à réaliser, à acquérir et à vivre[4] ». Enfin cette voie n'est ni facile, ni joyeuse ou insouciante : elle ne conduit pas au bonheur terrestre mais à la Grâce et au Royaume de Dieu.

Les romans de Bernanos sont peuplés de jeunes personnages entre 13 et 20 ans. Âge décisif mais critique, car l'enfance y est souvent dévalorisée : c'est le moment où l'enfant devient adulte. Certains êtres n'ont pas une jeunesse authentique : ils n'ont pu convertir leur enfance naturelle en enfance spirituelle, ils sont devenus tout de suite des vieux. D'autres vivent une authentique jeunesse où l'enfance s'épanouit et où son esprit apparaît dans ses composantes fondamentales, non plus comme quelque chose de naturel, mais de reconquis ou de préservé. Ce sont ces derniers qui seront les héros de l'œuvre, animés par l'esprit de jeunesse qui ne peut être que l'esprit d'enfance :

> L'enfance est le vrai nom de la jeunesse, ce que nous appelons l'esprit d'enfance est l'esprit même de la jeunesse, et ce génie qui de siècle en siècle féconde et renouvelle l'Histoire est proprement le génie de

l'enfance – le mot de jeunesse, lui, est équivoque. Il y a en effet, nous connaissons tous, des hommes jeunes, de jeunes hommes, qui pour l'ambition, l'avarice et la renarderie valent bien tel avocat marron de province. Encore le vieil avocat marron est-il trop loin de l'enfance pour ne pas être tenté de la regretter, au lieu que les jeunes hommes dont je viens de parler sont encore assez près d'elle pour en avoir honte, et quelquefois la haïr[5].

C'est dans les écrits non-romanesques de Bernanos que l'on peut le mieux comprendre sa vision du monde et de l'Histoire et que s'explicite le rôle qu'y joue l'esprit d'enfance, que nous tenterons ensuite de mettre en évidence chez deux personnages des romans.

Notre monde est vieux

La guerre de 14-18 fut pour Bernanos, comme pour tant d'autres, une épreuve terrible et essentielle. Il y fait l'expérience de l'humiliation, de la solitude morale, de la pauvreté absolue et aussi de l'aridité spirituelle. Il vit alors dans l'angoisse du croyant privé de la présence de Dieu, beaucoup plus que dans la crainte de la mort. Il est amené à ce point où il n'y a plus que le désespoir ou l'abandon à Dieu : « Chaque homme prédestiné, au moins une fois dans sa vie, a cru couler à pic, toucher le fond. L'illusion que tout nous manque à la fois, ce sentiment de complète dépossession est le signe divin qu'au contraire tout commence[6]. » Et c'est le don à Dieu, les retrouvailles de l'esprit d'abandon et de simplicité de l'enfance qui lui permettront peu à peu de surmonter son angoisse et de retrouver Dieu. Retrouver son esprit d'enfance ne sera pas une conquête facile, ni rapide, ni sereine : toute son œuvre est le reflet de cette reconquête, cette œuvre qui s'impose à lui dès 1919, avec la longue et difficile composition de son premier roman, *Sous le Soleil de Satan*, qui ne paraît qu'en 1926. Ce livre, ce monde, ces personnages, comme les suivants, lui seront imposés ; il ne les a pas cherchés, ils ont surgi devant lui[7] et, par la suite, sa réflexion sur l'actualité et sur le monde sera leur prolongement.

Dans un texte paru dans *L'Intransigeant* le 25 décembre 1947 sous le titre *Noël aura-t-il lieu ?*, Bernanos nous livre l'essentiel de sa vision « politique » telle qu'elle apparaît dès la fin de la première guerre. C'est une vision d'écrivain et de romancier, non de philosophe ou de théoricien de la politique. C'est aussi une vision de catholique, mais en rien de théologien, assez éloignée des positions royalistes et maurrassiennes qu'il exposait et défendait avant la guerre*. Bernanos

* Pour être exact, il faut préciser que Bernanos ne se libérera vraiment de l'Action française qu'après avoir écrit *La*

se demande si Noël a encore sa place aujourd'hui : « On est en droit de se demander s'il y aurait encore longtemps des nuits de Noël, avec leurs anges et leurs bergers, pour ce monde féroce, si éloigné de l'enfance, si étranger à l'esprit d'enfance, au génie de l'enfance, avec son réalisme borné, son mépris du risque, sa haine de l'effort qui inspire la plupart de ses rêveries mécaniques[8]. » Bernanos poursuit sur cette voie et il s'adresse aux jeunes lecteurs pour préciser sa pensée et les avertir du danger qui les menace : « Jeunes amis, croyez-moi si vous voulez, ce monde est vieux, il ne vous comprend plus, il est tout près de vous haïr, il vous sacrifiera demain sans remords à ses expériences désespérées. Communiste ou fasciste, dirigiste ou libéral, ce monde est vieux. On peut même écrire qu'il est sénile[9]. » La sénilité est toujours décrite par Bernanos comme une enfance monstrueuse, détruite, détournée, décrépite. Elle a une « imagination entièrement asservie au pratique », elle a la « haine de la souffrance et de la pauvreté, [...] une méfiance secrète de l'infirme et du pauvre, c'est-à-dire de tout élément social inutile, ineffi-

---

Grande Peur des bien-pensants, qui paraît en 1931, et donc après la condamnation de l'Action française et les polémiques qui vont l'opposer à Maurras et Daudet en 1932. Ce n'est qu'alors que sa pensée « politique » prend librement sa forme, même si, dès les années 20, elle comprend déjà tous les thèmes qui lui donneront son originalité.

cace », c'est un « égoïsme radical[10] ». Ailleurs et s'adressant toujours aux jeunes et en particulier aux jeunes Français, aux enfants de France, Bernanos écrit :

> Pour ceux d'entre vous qui sont allés au catéchisme et qui ont entendu parler du royaume de Dieu, je dirai que le règne des vieux, c'est exactement le contraire du royaume de Dieu. C'est le règne de l'égoïsme, de l'avarice et de la ruse, c'est le règne de Munich et de Montoire. Tandis que le royaume de Dieu, mes enfants, c'est vous tous, fils de croyants ou d'incroyants, d'ouvriers ou de bourgeois, et les petits communistes aussi, bien entendu[11].

Le jugement que Bernanos porte sur notre monde est implacable ; c'est un monde dominé par la machine, l'argent, le plus odieux des réalismes, dirigé par des lâches et d'où sont absentes toute spiritualité, toute humanité. Cette vision est présente chez lui bien avant la Seconde Guerre mondiale et la défaite de la France, qui ne font que confirmer son diagnostic : « Le monde a failli périr d'une espèce d'usurpation universelle de l'esprit de vieillesse contre l'esprit d'enfance, voilà la vérité[12]. » Ou encore : « Jamais, certes, à aucune époque de l'Histoire, le caractère sacré, le caractère religieux de l'enfance n'aura été à ce point méconnu[13]. »

Mais chez Bernanos l'espérance n'est jamais très loin du désespoir et voici qu'il entrevoit ou espère voir luire une lumière : les vieux qui dirigent le monde commencent à avoir peur des enfants, ils « commencent à trembler devant eux[14] ». Ce sont donc aux enfants, mais aussi à tous ceux qui ont conservé l'esprit d'enfance, que Bernanos confie le destin du monde, à ceux qui seront capables de redevenir des enfants par l'esprit. Dans des pages étonnantes des *Grands Cimetières sous la lune*, il imagine qu'un incroyant prononce, devant des dévots et des dévotes, le sermon pour la fête de sainte Thérèse de l'Enfant-Jésus :

> Redoutez ceux qui vont venir, qui vous jugeront, redoutez les enfants innocents, car ils sont aussi des enfants terribles. Le seul parti qui vous reste à prendre est celui que vous propose la sainte : redevenez vous-mêmes des enfants, retrouvez l'esprit d'enfance. [...] Vous devrez reconstruire. Vous devrez tout reconstruire devant des enfants. Redevenez donc enfants. Ils ont trouvé le joint de l'armure, vous ne désarmerez leur ironie qu'à force de simplicité, de franchise, d'audace. Vous ne les désarmerez qu'à force d'héroïsme[15].

Il est renforcé dans sa conviction que le monde sera sauvé par l'esprit d'enfance et, en particulier, par cet esprit incarné dans les enfants français, par des faits qu'il invoque plusieurs fois : « L'avènement de Jeanne d'Arc au XXe siècle revêt le caractère d'un avertissement solennel. La prodigieuse fortune d'une obscure petite carmélite me paraît un signe plus grave encore. Redevenez vite enfants, pour que nous le redevenions à notre tour[16]. » Ce signe est certes valable universellement, mais que ces deux saintes soient françaises n'est pas indifférent pour Bernanos qui y voit une mission pour son pays. C'est dire à quel point l'esprit d'enfance bernanosien est marqué par des données culturelles et historiques spécifiquement françaises, en particulier quand il parle « politique ». Il est imprégné de toute une tradition catholique et royaliste de la chevalerie, de l'honneur, de l'humanisme que l'on retrouve dans l'histoire de France telle qu'écrite au XIXe siècle par les historiens traditionalistes. Nous ne sommes pas loin d'un mythe de la France éternelle et jeune, fille aînée mais turbulente de l'Église. Le monde moderne, technique et réaliste, ignore ces valeurs. Et pourtant, il « sera sauvé par les pauvres.

> [...] Le monde n'a plus le temps d'espérer, ni d'aimer, ni de rêver. Ce sont les pauvres qui espèrent à sa place, exactement comme les saints aiment et expient pour nous. La tradition de l'espérance est dans les mains des pauvres[17] ».

La Nouvelle Mouchette

L'œuvre romanesque s'ouvre sur l'histoire de Germaine Malorthy, dite Mouchette, jeune « demoiselle » de 16 ans, enceinte des œuvres de son amant, le marquis de Cadignan. Son histoire tragique (elle tue le marquis qui l'a trahie et finira par se suicider) est celle d'une enfance humiliée et trahie qui se révolte et se jette dans les bras de Satan, « … comme la petite balle d'un enfant, entre les mains de Satan[18] ». Elle incarne très exactement l'enfance devenue monstrueuse, comme celle d'un Hitler que Bernanos évoquera souvent[19].

Et voici que l'œuvre romanesque s'achève sur l'histoire d'une autre Mouchette :

> Dès les premières pages de ce récit le nom familier de Mouchette s'est imposé à moi si naturellement qu'il m'a été dès lors impossible de le changer. La Mouchette de la *Nouvelle Histoire* n'a de commun avec celle du *Soleil de Satan* que la même tragique solitude où je les ai vues toutes deux vivre et mourir. À l'une et à l'autre que Dieu fasse miséricorde[20] !

Ce qui les différencie essentiellement, c'est précisément que, leur enfance pareillement humiliée et trahie, toutes les deux désespérées, l'une sombrera dans le mal, son enfance étant devenue monstrueuse, l'autre restera pure, son enfance étant restée vivante malgré tout.

La Nouvelle Histoire de Mouchette est celle d'une enfant misérable, qui a gardé son esprit d'enfance au milieu de la solitude, d'une vie humiliée et d'un profond rejet du monde sordide et des êtres misérables qui l'entourent. Lorsqu'elle rencontre Arsène, le braconnier aussi pauvre et misérable qu'elle, qui raconte si bien ses exploits imaginaires, elle le croit et commence à l'aimer. Quand il gît à terre, victime d'une crise d'épilepsie, Mouchette s'approche et soulève sa tête :

> Elle tient cette tête chérie ainsi qu'elle tiendrait n'importe quelle chose précieuse, mais avec la seule crainte de la perdre ou de la briser. Elle n'ose même pas la poser sur ses genoux. Et tout à coup elle chanta. […] Elle écoutait jaillir cette voix pure, encore un peu tremblante, d'une extraordinaire fragilité. […] cette voix mystérieuse était celle de sa misérable jeunesse soudain épanouie. […] Cette voix était son secret. Le seul qu'elle pût partager aujourd'hui avec le bizarre compagnon étendu à ses pieds. […] Elle le lui avait donné comme elle se fût donnée elle-même, si l'enfant ne l'eût encore chez elle emporté de loin sur la femme[21].

Ce chant qui jaillit, c'est son amour même qui se manifeste ; il est le signe qu'elle livre à Arsène ce qui lui est le plus cher, ce qu'elle a toujours préservé, ce qui la tient debout : sa pureté, son enfance, son âme. Ce chant est aussi le signe de sa brève réconciliation avec elle-même dans le don d'elle-même. À ce signe d'amour se joignent ces gestes de charité envers plus misérable qu'elle. L'esprit d'enfance l'habite dans toute sa plénitude.

Hélas ! revenu à lui, Arsène ne comprend pas ce qui se passe en Mouchette, il ne voit que la fille à sa merci : il se jette sur elle et la viole. Il lui vole ce qu'elle aurait pu donner, la seule chose qui lui reste, sa virginité ; il assassine ainsi l'enfance qui la tient debout et l'humilie dans ce qu'elle a de plus précieux. Lorsque, quelques heures plus tard, Mouchette apprend que tout ce qu'Arsène lui avait raconté n'était que mensonge, elle comprend, obscurément, qu'elle n'a aimé qu'un être imaginaire. Son histoire n'est plus qu'un enchaînement d'erreurs, d'illusions et de malentendus. Il ne lui reste plus rien.

Auprès de la veilleuse des morts, elle ressent obscurément la mort comme la voie vers quelque chose de merveilleux, d'accordé à sa misère enfantine, car « la vraie misère des misérables n'a d'autre issue qu'en Dieu[22] ». Alors elle s'avance seule vers une mare et se laisse glisser dans l'eau, car elle n'a plus d'autre ressource que « le suicide du misérable, si pareil à celui de l'enfant[23] ». Elle ne pourrait vivre qu'en se bâtissant une fausse personnalité, dans le mensonge (comme l'a fait Germaine, la première Mouchette), mais elle s'y refuse en se tuant : son esprit d'enfance la protège du néant et la précipite dans la mort qui est l'entrée dans l'être et la vérité, qui est la grâce que Dieu lui fait*.

Journal d'un curé de campagne

Si le *Journal d'un curé de campagne* est le plus beau et le plus rayonnant des romans de Bernanos, c'est bien parce qu'il est celui qui est le plus entièrement animé par l'esprit d'enfance et où, par conséquent, la Grâce semble partout présente dans un monde cependant aussi sombre et désespérant que celui où vécut Mouchette. Le petit curé d'Ambricourt est à la tête d'une paroisse « dévorée par l'ennui. [...] le village m'est apparu brusquement, si tassé, si misérable sous le ciel hideux de novembre. [...] Et ce village était ma paroisse. C'était ma paroisse, mais je ne pouvais rien pour elle, je la regardais tristement s'enfoncer dans la nuit, disparaître[24]... ». En effet, les paroissiens résistent à l'action du curé qui vit dans une immense solitude, à peine rompue parfois par ses conversations avec le vieux curé de Torcy, qui est

* Dans une dédicace, Bernanos parle de cette petite Mouchette qui est « si difficile à présenter dans le monde, mais que nous retrouverons un jour dans les jardins, les lumineux jardins, les clairs jardins de la vie éternelle ». Cf. Yves Bridel, *L'Esprit d'enfance dans l'œuvre romanesque de Georges Bernanos*, Paris, Minard, coll. « Thèmes et Mythes », n° 10, 1966, p. 193.

seul à le comprendre. Mais les personnages importants du roman ne sont pas de la race médiocre de pécheurs endurcis qui forme le paysage humain du monde bernanosien : ceux que le curé rencontre, affronte et sauve sont d'une autre race. Ce sont des révoltés : la plupart suivent la route du mal, haïssent Dieu, mais tous sont engagés dans une lutte sans merci pour leur existence, non seulement terrestre mais aussi surnaturelle. Ils jouent leur âme et leur va-tout spirituel ; ils ne fuient ni la vie ni l'épreuve et refusent le rêve ou le mensonge. Ils font face jusqu'au bout. « Jetez-vous en avant tant que vous voudrez, il faudra que la muraille cède un jour, et toutes les brèches ouvrent sur le ciel[25] », dira le curé à un de ces personnages. Ils sont tous des héros et des enfants.

> Quiconque se sert de son âme, si maladroitement qu'on le suppose, participe aussitôt à la Vie universelle, s'accorde à son rythme immense, entre de plain-pied, du même coup, dans cette communion des saints qui est celle de tous les hommes de bonne volonté auxquels fut promise la Paix, cette sainte Église invisible dont nous savons qu'elle compte des païens, des hérétiques, des schismatiques ou des incroyants, dont Dieu seul sait les noms[26].

Les personnages que le curé d'Ambricourt rencontre dans l'exercice de son ministère sont tous vus à travers la charité du prêtre, qui les éclaire de son enfance spirituelle. Il pénètre dans leur misère, non seulement pour l'assumer et lui donner sa dimension spirituelle, qui la justifie et la sauve, mais encore pour rendre visible la part enfantine, cachée chez les plus misérables d'entre eux et pour lui redonner la vie*. La fécondité de son ministère, si peu apparente et si durement acquise, n'est pas sans répercussion sur sa propre vie spirituelle dont le roman raconte l'itinéraire, qui le conduit progressivement à l'acceptation de sa petitesse, de sa pauvreté, de son enfance, à travers de terribles épreuves : solitude, tentation du désespoir, sentiment d'abandon. Un mouvement dialectique lie événements extérieurs et événements intérieurs ; à chaque rencontre, à chaque affrontement avec un de ces enfants révoltés, correspond une étape de l'approfondissement de l'enfance spirituelle du curé.

En 1950-51, le cinéaste Robert Bresson réalise un très beau film tiré du livre, en en conservant admirablement l'esprit ; un critique anonyme faisait alors à son propos ces quelques remarques qui s'appliquent tout aussi bien au livre qu'au film :

---

* *La Nouvelle Histoire de Mouchette* est le seul roman de Bernanos où il n'y a pas de prêtre, car c'est l'écrivain lui-même qui tient ce rôle envers Mouchette, comme le curé d'Ambricourt le fait à l'égard de certains de ses paroissiens.

> La seule qualité, l'unique condition requise, mais essentielle, pour « accepter » ce film, *c'est une âme d'enfant*. [...] Il arrive cette chose extraordinaire que ce prêtre, poussé par l'Esprit et invité par les circonstances à entrer dans la destinée des autres, y opère des bouleversements mystérieux... C'est qu'il possède ce « secret perdu » que les hommes retrouveront un jour : *l'esprit d'enfance*, [... qui] n'est qu'un autre nom de l'esprit de *pauvreté* d'une âme totalement désappropriée, jusqu'au vide et où la foi prend la place même des vertus[27].

La pauvreté est un thème essentiel du livre et d'admirables pages lui sont consacrées[28], et le curé d'Ambricourt lui-même est un pauvre. Le malheur a marqué son enfance, il n'a pas toujours mangé à sa faim, il a une santé fragile. Cette pauvreté est à l'origine de sa charité, de sa simplicité, mais aussi de tous ses tourments dans la vie, de sa timidité, de sa maladresse. Le curé de Torcy essaie de lui faire comprendre que cette pauvreté est une grâce. Or c'est précisément ce qu'il ne peut accepter. Il est irréconcilié avec sa faiblesse. Il est un pauvre et un enfant dont la vie et le ministère sont fécondés par l'esprit d'enfance, mais qui ne peut accepter sans luttes profondes la pauvreté dont il ressent l'injuste humiliation. Tel est son tragique destin et celui de tant d'enfants humiliés. Mais il ne perdra jamais la foi et n'engagera jamais son esprit d'enfance dans le mal, sans doute protégé par Dieu. À travers des épreuves douloureuses, terribles même, il finira par se réconcilier avec sa faiblesse et à trouver, aux portes de la mort, « ô Mort si fraîche, ô seul matin[29] », la paix et la joie, mourant en proclamant : « Tout est grâce[30]. »

Ainsi, le journal du curé raconte les étapes de cette réconciliation et les actes de son ministère qui les accompagnent, et où se manifeste son esprit d'enfance. Car le curé est un pauvre, qui n'a rien à donner que lui-même. Il est un mendiant : « Je devrais être le maître de cette paroisse, et je m'y montre tel que je suis : un malheureux mendiant qui va, la main tendue, de porte en porte, sans oser seulement frapper[31]. » Et cependant, des êtres enfermés dans la haine, la révolte ou même le désespoir, tourmentés et loin de Dieu, recevront par lui la paix. Cette grâce leur est donnée par cet enfant pauvre qui a simplement laissé Dieu le remplir et agir en lui. Sa pauvreté fut celle du mendiant : il n'a rien donné, il a demandé. Impuissant, mais animé par un amour sans faille pour ces êtres perdus qu'il voulait tant sauver, il a accepté sa pauvreté et s'est abandonné à Dieu. C'est cette pauvreté même, cette totale faiblesse qui est la brèche par laquelle la grâce divine va passer et toucher l'être qui lui fait face. Il fut non celui qui console, mais celui qui doit être consolé, celui qui réclame l'amour susceptible de sauver celui qui le lui donne ; il fut comme Jésus, le fils de Dieu qui a soif de notre amour pour le salut, comme l'enseigne sainte Thérèse de Lisieux[32].

Ainsi, si l'esprit d'enfance est fait de faiblesse et de pauvreté, il n'en est pas moins une grâce, car qui en est habité est dans la main de Dieu et cela lui donne une force inouïe. Dans la noirceur du monde moderne, tel que le décrit Bernanos, il est le signe de la présence de Dieu, l'espoir de l'homme. Toute l'œuvre romanesque et « politique » est un appel pour que les hommes retrouvent cet esprit qui peut les sauver, pour qu'ils se réconcilient avec leur enfance et retrouvent et pratiquent les valeurs de charité, de don de soi, de courage et d'engagement qu'illustrent les saints enfantins que sont Jeanne d'Arc, sainte Thérèse de l'Enfant-Jésus ou saint François. Le monde a beau mépriser et écraser ces enfants, c'est eux qui seront vainqueurs. Mais comme la nature de l'enfant, qui contient en elle en puissance le mal comme le bien, l'esprit d'enfance est ambigu. Bernanos a dit un jour : « L'esprit d'enfance peut le bien et le mal[33]. » C'est dire que le mal peut parfois s'exprimer à travers un certain esprit d'enfance, amputé de l'amour et de l'espérance, reste d'une enfance mutilée, humiliée et irréconciliée avec elle-même, un esprit d'enfance qui devient de l'infantilisme. Mais en définitive ce qui triomphe chez Bernanos, c'est l'esprit d'enfance du curé d'Ambricourt, celui des saints et des héros : « Oh ! sans doute, on pourrait croire que ce n'est plus l'heure des saints, que l'heure des saints est passée. Mais comme je l'écrivais jadis[34], l'heure des saints vient toujours[35]. »

Un renversement bienvenu dans l'histoire de la catéchèse

Anne-Marie Aitken

Dans l'Église catholique en France, l'âge des 7-12 ans était, depuis quatre siècles, la période privilégiée de la catéchèse. Au cours de ces années, les enfants y préparaient leur première communion, faisaient leur profession de foi et recevaient la confirmation. Ainsi s'achevait leur initiation chrétienne. Le chemin était le même pour tous, quel que soit l'itinéraire personnel.

Dans un contexte où chaque individu désire être reconnu dans sa singularité, peut-on en rester au projet traditionnel d'éduquer la foi des 7-12 ans ? Ont-ils une spiritualité propre, difficile d'accès aux adultes, à l'écoute de laquelle il s'agit de se mettre ? Comment respectons-nous leur liberté, leur spiritualité et leur monde intérieur ? Ces questions sont celles de nombreux parents, qu'ils aient une foi chevillée au corps, qu'ils aient souffert dans leur enfance d'un catéchisme parfois moralisant et abstrait ou qu'ils ne se sentent pas à l'aise avec une démarche croyante. Elles habitent aussi des catéchètes et des éducateurs, démunis devant la désertion des Églises.

Le monde des 7-12 ans

Dans notre société, le statut de l'enfant est ambivalent. Reconnu comme sujet de droit, devant être écouté et respecté en toutes circonstances, l'enfant est de plus en plus soumis à des attentes très fortes de diverses institutions, notamment l'école et la famille. Et pourtant chacun entend agir « dans l'intérêt de l'enfant ». L'enfant est devenu un acteur social à l'école, dans la ville, à la télévision, au cinéma, prenant part très tôt aux discussions le concernant sous des formes citoyennes ou pédagogiques pensées spécifiquement pour lui. Il est aussi un consommateur potentiel de poids dans le marché actuel, et se trouve très sollicité par la publicité.

À partir de 7 ans, l'enfant part à la conquête de son indépendance. Il n'est plus livré à ses propres impulsions. Il devient « sujet » face à ses parents. André Guindon[1] raconte l'histoire d'un petit garçon qui se sent à l'étroit dans son milieu familial. Il annonce à ses parents qu'il veut quitter le foyer. Ses parents compréhensifs l'aident à faire ses préparatifs. Pendant qu'il range ses affaires dans son sac à dos, ils lui disent combien il leur manquera et lui font leurs adieux. L'enfant part avec son sac et les parents observent la scène par la fenêtre. À quelques pas de la maison, il rencontre des copains. Il s'amuse, pose son sac et joue. À l'heure du repas, chacun rentre chez soi. Resté seul, le fugitif reste un moment pensif sur le trottoir puis il se dirige lentement vers la maison. Quand il entre, ses parents sont assis, prêts à l'écouter mais l'enfant garde le silence. Après un moment assez long, le chat fait irruption dans la pièce. Alors l'enfant lève la tête et dit : « Je vois que vous avez gardé ce vieux chat ! » Comme s'il avait quitté la maison pendant un long temps. Sa brève fugue lui a permis d'opérer un trajet intérieur, un voyage. Il n'est plus un petit enfant, il est devenu un enfant plus autonome.

L'enfant de 7 ans et plus accède à une intelligence concrète, il peut raisonner à partir des données de l'observation. Il est capable de comprendre les lois de fonctionnement du monde qui l'entoure. Il veut comprendre et en même temps il expérimente ses limites et celles des autres. Il fait aussi l'expérience d'une certaine solitude. Il commence à se considérer comme distinct des autres et à considérer les autres comme distincts de lui. Il peut s'ouvrir à des relations nouvelles. Il cherche à être reconnu pour ce qu'il est en produisant des choses à l'école, avec ses copains ou à la maison. Cependant, s'il sait un peu qui il est à ses propres yeux, il ne sait pas encore qui il est aux yeux des autres. Cette question de l'identité monopolisera son adolescence. L'enfant trouve l'appui nécessaire à l'expression de ce qu'il est dans l'amitié, et il expérimente ses propres pouvoirs en même temps que ceux de l'ami. L'amitié offre la chance d'autoriser même des affrontements tant que le lien affectif dure. Ainsi dans le couple amical se réalise le jeu complexe de l'identité et de l'altérité. C'est un travail de représentation de soi et d'attention à autrui, tâche difficile d'intériorisation.

Qu'en est-il de sa spiritualité ? Dans les théories du développement de l'enfant, les psychologues ont longtemps nié qu'il y ait une possibilité de spiritualité infantile. Ils ont privilégié le primat du corps sur l'esprit. Ce n'est plus le cas aujourd'hui. Le professeur et pédopsychiatre René Soulayrol reconnaît que :

> [...] il y a chez l'enfant une disposition précoce, si ce n'est innée, à promener sur le monde un regard originaire qui bouleverse l'ordre logique et physique des choses et le pousse à trouver, au-delà de la matière et de la matérialité, une réalité supérieure dans laquelle il aspire à se fondre. Cette force aussi impérieuse qu'une pulsion, dont l'objet ne serait pas physique mais psychique, est un élan irrésistible vers une adhésion à une instance supérieure, extérieure à ses sens (transcendante donc), dispensatrice de paix, de protection, de félicité et d'harmonie entre soi et le monde[2].

À l'âge de latence, l'enfant se pose des questions existentielles et cherche à formuler ses propres réponses : qui suis-je ? Comment suis-je là ? Est-ce que moi aussi je vais mourir ? Où vont les morts ? Pourquoi tant d'hommes et de femmes souffrent sur la terre ? « Pourquoi Dieu ne se montre-t-il pas devant moi ? », demande Marie (8 ans). « On ne peut pas voir à travers les nuages », lui répond Angélique (8 ans). « Parce qu'il est monté au ciel, du coup on l'a dans notre cœur », rétorque Caroline (9 ans).

L'enfant exprime aussi librement sa prière. Celle-ci montre qu'il n'est pas uniquement préoccupé de lui-même, mais sensible aux souffrances du monde :

> Merci, mon Dieu, de m'avoir fait naître dans une famille qui m'aime, de m'avoir donné la santé, la joie de vivre, d'écouter le chant des oiseaux et de voir la nature si belle, d'avoir beaucoup d'amis. Je pense à ceux qui n'ont pas de papa et de maman, aux pauvres qui ne mangent pas à leur faim, à ceux qui sont toujours en guerre, aux vieillards qui sont seuls, aux malades et à tous ceux qui ont de la peine (Bénédicte, 10 ans).
>
> Que la paix règne sur le monde, que les armes disparaissent et que les bases militaires deviennent des serres, des jardins, des parcs zoologiques. Faites qu'à l'école, il n'y ait plus d'encre bleue, mais de l'encre qui changerait très souvent (Jérôme, 11 ans).

Dans sa prière, il projette ses rêves en s'adressant à Celui qui, à ses yeux, est en mesure de faire quelque chose, alors que lui-même ne peut pas changer l'ordre du monde. Il éprouve ainsi ses limites et sa confiance en autrui. Les enfants ont besoin des adultes pour se construire et s'épanouir. Ils grandissent à l'abri des adultes, au double sens du mot « abri » : protection et ombre. Les adultes protègent et procurent la sécurité, mais sous l'abri, les enfants font ce qu'ils ont envie de faire.

Nous ne pouvons parler de l'enfant aujourd'hui sans faire référence consciemment ou inconsciemment à notre propre expérience. L'enfant est toujours le reflet de ce que nous avons perdu à tout jamais : notre propre enfance. Accepter de savoir que nous interposons cet écran entre tel enfant et nous-mêmes nous permet de soulever le voile de temps à autre. Reconnaître que souvent nous travestissons leur réalité selon nos désirs et nos craintes nous permet de les chercher derrière ce que nous projetons sur eux. Leur vérité est là qui brusquement s'impose, si, du moins, nous acceptons d'oublier nos images, nos principes, nos modèles, de croire que chaque enfant est unique et de l'accueillir tel qu'il est pour l'aider à grandir.

Avant de nous donner quelques repères pour une pédagogie spirituelle aujourd'hui, regardons comment, au cours des siècles, les adultes ont pris soin de transmettre leur foi chrétienne aux enfants pour les aider à vivre dans l'Esprit.

Au long des siècles

La pratique catéchétique a beaucoup évolué au cours de l'histoire. En nous appuyant sur la remarquable étude historique menée par Élisabeth Germain[3], nous distinguons quatre étapes majeures.

Le temps du catéchuménat

Au début de la vie de l'Église, dans un contexte plutôt hostile aux chrétiens, le christianisme n'a pas de statut. La catéchèse est liée au baptême, elle concerne des adultes capables d'entendre la Parole de Dieu et d'accorder leur vie à cette Parole au milieu d'un monde païen. L'initiation chrétienne se fait par étapes dans le cadre du catéchuménat, au sein d'une communauté qui évangélise et achemine vers la foi.

Après 313, la conversion de l'empereur Constantin renverse la situation du christianisme, désormais religion autorisée, bientôt même favorisée par l'État. Les conversions deviennent de plus en plus nombreuses et de moins en moins sincères. Les catéchumènes affluent mais ne sont pas pressés de recevoir le baptême. Le catéchuménat se réduit à la période intensive du carême.

Le temps de l'imprégnation

Lorsque le monde romain s'écroule, à travers la nuit des invasions, l'Église passe à ceux que l'on appelait les « Barbares » et se fait leur éducatrice. Désormais, on n'a plus à devenir chrétien : on naît chrétien. Au Ve siècle, le baptême des enfants prend le pas sur le catéchuménat, qui disparaît. Pour l'éducation des enfants baptisés dès leur naissance, l'Église s'en remet aux parents, à la suppléance éventuelle des parrains.

Puis, dans la société médiévale, l'Église devient principe de civilisation ; l'ordre social est couronné par elle. Pendant dix siècles, l'éducation chrétienne se fait à travers la liturgie, qui imprègne la vie quotidienne. Passée la petite enfance, l'enfant est vite considéré comme un adulte. Tous participent aux fêtes au cours desquelles on regarde, on marche, on danse. Les cérémonies créent une ambiance festive et populaire pour tous les âges de la vie. Liturgie, vitraux, art et autres impressions sensorielles facilitent le sentiment du sacré tout en apportant une certaine forme d'éducation morale. Scènes bibliques et scènes de la vie quotidienne se mêlent aux chapiteaux et aux tympans des sanctuaires qui attirent en foule les pèlerins. La foi est une pratique liée à la vie concrète du peuple.

Le temps de l'instruction

Dès la fin du XIVe siècle et durant le XVe siècle, une élite chrétienne dénonce la superstition et les ambiguïtés de la religion populaire. Des théologiens veulent ramener les chrétiens à l'Évangile et à une religion plus personnelle et plus intérieure. Alors que l'homme du Moyen Âge misait davantage sur un salut collectif, on en vient à se dire que chaque chrétien est responsable de son salut et on commence à penser qu'un enseignement systématique est nécessaire, en particulier pour les enfants. La découverte de l'imprimerie, l'accent mis sur le savoir et l'importance accordée à l'âge de l'enfance favorisent une activité enseignante de l'Église sans précédent.

C'est Luther qui lance le premier catéchisme en 1529 et c'est à partir de lui que s'inaugurent quatre siècles d'une nouvelle étape : celle du catéchisme par décision du concile de Trente. La pratique du catéchisme a, dès ses origines, été inspirée par une volonté d'universalité : atteindre tous les enfants. C'est le début d'une insistance sur la catéchèse des enfants et des jeunes dont nous sortons à peine.

Le temps de la communication

Au XXe siècle, un grand changement s'amorce avec l'essor de la civilisation industrielle et de la science, des mouvements sociaux et des lois Ferry

(1882) sur l'école gratuite, obligatoire et laïque. Le catéchisme est exclu de l'école publique et redevient une institution purement ecclésiale. C'est le début de la participation des laïcs à la catéchèse. C'est à ce moment que le genre « catéchisme » est remis en cause tel qu'il est et fonctionne. Comme l'explique Mgr Landrieux, évêque de Dijon, en 1922 : « Non, le catéchisme n'est pas le livre qui convient à des débutants… Nous procédons avec une méconnaissance inconcevable de la psychologie de l'enfant… Nous avons appris aux enfants à ne plus revenir au catéchisme. »

Après la Seconde Guerre mondiale, un nouveau courant se fait jour en France avec les apports de la psychologie de l'enfant (Piaget, Freinet, Montessori), du renouveau pédagogique (Marie Fargues, Hélène Lubienska de Lenval, Françoise Derkenne) et du renouveau doctrinal et biblique (Joseph Colomb). De nouveaux manuels voient le jour que l'on nomme « parcours catéchétiques » : ils se distancient du manuel en questions/réponses pour prendre en compte les questions des enfants et leur vie concrète. La catéchèse fait alors place à une plus grande interaction et réciprocité : « animateurs, parents et enfants apportent leur expérience de vie, leurs aspirations profondes[4] […] ». Cependant, même en faisant appel aux désirs profonds des personnes, ces innovations n'ont pas pu faire face à la sécularisation grandissante de la société.

Une revalorisation de la spiritualité enfantine

La reconnaissance de la spiritualité des enfants nous convie à une nouvelle étape et à un nouveau positionnement. Nous avons à nous mettre à l'écoute des enfants pour les aider à grandir dans toutes les dimensions de leur être et pour découvrir que leur vie intérieure n'est pas dissociable de leur développement intégral. Prendre les enfants tels qu'ils sont, non comme des adultes en réduction, mais des êtres humains avec leurs relations et leur perception du monde et nous laisser convertir à leur contact. Il ne s'agit pas seulement de les aider à grandir, mais la question est de grandir nous-mêmes à leur contact. Dans l'Évangile, Jésus nous révèle la dignité des enfants. Il nous invite à un nouveau regard. En voici trois exemples brièvement commentés.

> Des gens amènent des enfants à Jésus pour qu'il les touche. Mais les disciples lui font des reproches. En voyant cela, Jésus se met en colère et il dit à ses disciples : « Laissez les enfants venir à moi. Ne les empêchez pas. En effet, le Royaume des cieux appartient à ceux qui sont comme ces enfants. Je vous le dis, c'est la vérité, si quelqu'un ne reçoit pas le Royaume de Dieu comme un enfant, cette personne ne pourra jamais y entrer. » Jésus embrasse les enfants et il les bénit en posant ses mains sur leur tête (Mc 10,13-16).

Jésus s'indigne. Il s'adresse ici aux adultes, aux disciples d'abord, aux personnes qui amènent les enfants et, au-delà, à tous ceux qui l'entourent. Jésus exige un mouvement de foule, celui de s'écarter : s'écarter de Jésus pour laisser la place aux enfants ; s'écarter les uns des autres pour laisser passer les enfants ; s'écarter de ses propres enfants, qui sont appelés eux aussi à s'approcher de Jésus. Autrement dit, ouvrir les rangs, briser le cercle magique de la parole inter-adultes, laisser s'engager de nouvelles relations entre adultes d'une part, enfants et adultes d'autre part. Finalement, Jésus invite à une nouvelle manière de vivre en relation : on ne s'empare pas de Dieu et des êtres humains, ni par la proximité, ni par l'attention, ni par la parole. Ainsi ce récit évangélique révèle-t-il l'extrême dignité de l'enfant, malgré sa non-parole, et sans doute à cause d'elle. Le plus fragile, le plus dépendant est celui qui exprime le mieux ce qu'il y a de grand en l'être humain : la force, la responsabilité, l'amour. Ce récit révèle aussi que l'enfant a mission de provoquer au changement les adultes qu'il côtoie.

À ce moment-là, les disciples s'approchent de Jésus et lui demandent : « Qui est le plus grand dans le Royaume des cieux ? » Jésus appelle un enfant, il le place au milieu d'eux et il dit : « Je vous l'affirme, c'est la vérité, si vous ne changez pas pour devenir

> comme des enfants, vous n'entrerez pas dans le Royaume des cieux. Donc, si quelqu'un se fait petit comme cet enfant, il sera le plus grand dans le Royaume des cieux. Et si quelqu'un reçoit un enfant comme celui-ci, à cause de moi, c'est moi qu'il reçoit (Mt 18,1-5).

Cette autre intervention de Jésus à propos de l'enfance est située après l'annonce de la Passion et de la Résurrection. Cette proximité éclaire les paroles sur l'enfant. Les disciples sont tristes. De cette tristesse émerge une déception. Tout en étant fidèles à Jésus, ils rêvent d'un certain pouvoir. Puisque Jésus parle d'un Royaume futur, c'est le moment d'élucider cette question : « Qui est le plus grand dans le Royaume des cieux ? » Jésus répond par un geste et une parole. Et le geste est aussi important que la parole dans le comportement du Christ. Il appelle un enfant. Tout enfant est un appelé. Il le place au milieu. Or, le centre est le lieu symbolique de Dieu. Il invite à changer sa manière d'agir, à changer de modèle d'adulte et de modèle d'enfant. Il n'est pas question de s'infantiliser, mais d'acquérir ce qui caractérise la spiritualité de l'enfant : la dépendance à l'égard de l'Autre, l'écoute, la vie dans le moment présent, la simplicité, la fraîcheur et la candeur, la transparence – mais avec la volonté et la responsabilité de l'adulte. Le signe par excellence de cette transformation réussie, c'est l'aptitude à accueillir. Les paroles de Jésus semblent *identifier l'enfant à une porte ouverte vers Dieu*. C'est l'un des mystères de la création : le plus petit porte le plus grand.

> Les chefs des prêtres et les maîtres de la loi voient les choses étonnantes que Jésus vient de faire. Ils voient aussi les enfants qui crient dans le Temple : « Hosanna au Fils de David ! » Alors ils se mettent en colère. Et ils disent à Jésus : « Est-ce que tu entends ce que ces enfants disent ? » Jésus leur répond : « Oui. Vous n'avez donc pas lu cette phrase dans les livres saints : "La bouche des enfants et des tout-petits dit ta gloire, comme tu l'as voulu" ? » (Mt 21,15-16).

Des enfants crient dans le temple. Alors Jésus rappelle le psaume 8 : les sans-parole sont louange pour Dieu. Avec les enfants, la louange prend mille formes expressives : elle est corps et sens, elle est yeux, mains, bouche, pieds, mouvement, désir, appel et cri. Le spirituel chez l'enfant est un véritable tissu de louange. Dieu a tissé tout ce qui le constitue et l'Esprit saint habite l'existence de l'enfant, comme pour maintenir cette présence divine. Dieu lui-même ne s'est-il pas fait enfant ?

Il est capital que l'adulte s'écarte suffisamment. S'écarter, ce n'est pas faire le vide. L'adulte n'a pas à disparaître, mais à changer sa manière d'être et d'agir. Il doit demeurer pour l'enfant un point de repère et une sécurité. Mais sans espace, pas de croissance spirituelle. C'est l'étouffement ou la peur. L'enfant a besoin de proximité, de communion. Mais nul ne doit occuper tout le terrain, ni à l'intérieur ni à l'extérieur. Or, ce mouvement de libération de l'espace a les apparences de la mort : la croissance spirituelle de l'enfant est au prix d'une dépossession permanente de l'adulte.

Notes

Avant-propos

1. Maurice Nédoncelle, *La Réciprocité des consciences*, Paris, Aubier/Montaigne, 1942, p. 90 s. *Ingenium* en latin : dispositions propres d'un être humain (intelligence, sensibilité), ses dons naturels, son talent, son génie.
2. Cf. Lc 10,21.
3. Élaine Champagne, *Reconnaître la spiritualité des tout-petits*, Ottawa, Novalis/Lumen Vitae, 2005, p. 12.
4. Talmud Bavli, traité Nidda 30 b.
5. Jonathan Littell, *Les Bienveillantes*, Paris, Gallimard, 2007, p. 263.
6. Martin Buber, *Je et Tu*, Paris, Aubier, 1969 [1923], p. 47 et 48.
7. Cf. Jn 8,42 ; 13,3 ; 16,27 s. ; 17,8.
8. Cf. Jn 7,33 s., 13,3 ; 16,28 ; 17,11.
9. Mt 18,3 : « En vérité, je vous le dis, si vous ne vous retournez pas et ne devenez pas comme les petits enfants, pas question que vous entriez dans le royaume des cieux. » Pour une approche plus détaillée, cf. Lytta Basset, *Le Pouvoir de pardonner*, Paris, Albin Michel, 1999, en particulier p. 183-191.

10. Sur ce thème de la confiance, cf. Lytta Basset, « Oser faire confiance », *La Chair et le Souffle*, vol. 1, n° 1, 2006, p. 24-39.

11. Élaine Champagne, « Une prière enfantine ? », *Prier en Occident*, Congrès de la Société canadienne de théologie, Québec, 21-23 oct. 2004, p. 2 (http ://www. ipastorale.ca/bibliovirtuelle/spt-07.htm).

12. *Ibid.*, p. 25.

13. *Ibid.*, p. 28.

14. Cf. David Hay et Rebecca Nye, *The Spirit of the Child*, Londres, Fount/Harper Collins, 1998.

15. Robert Coles, *Les Enfants et Dieu. L'enfant face à Dieu, à la foi et au doute, à l'expérience mystique et à l'âme*, Paris, Robert Laffont, 1993, p. 149 – Édition américaine : *The Spiritual Life of Children*, 1990.

16. *Ibid.*, p. 13. L'auteur a souhaité que ces enfants deviennent pour lui des « instructeurs », des « collègues », des « guides » (p. 47) et il lui a parfois fallu des mois, voire des années « pour entrer dans une grande intimité dans la vie spirituelle d'un enfant » (p. 48) : « Certains enfants passent par des moments de visions intenses. Je me souviens souvent de ce garçon ou de cette fille regardant avec passion un horizon spirituel invisible à mes yeux » (p. 158).

17. Mentionné par Robert Coles, *op. cit.*, p. 33, *in* Ana-Maria Rizzuto, *The Birth of the Living God : a Psychoanalytic Study*, Chicago, The University of Chicago Press, 1979.

18. Catherine Chalier, *Traité des larmes. Fragilité de Dieu, fragilité de l'âme*, Paris, Albin Michel, 2008 [2003], p. 107.

19. Robert Coles, *op. cit.*, p. 60 et 76.

20. *Ibid.*, p. 131.

21. *Ibid.*, p. 108 s.

22. *Ibid.*, p. 32 s. L'auteur rapporte une parole, au soir de sa vie, de Dorothy Day, la fondatrice, aux USA en 1933, du *Catholic Worker Movement* (Association nationale

d'entraide sociale) : « Quand je prie ou quand j'essaie de maintenir en vie la partie spirituelle de mon être, je me retrouve petite fille » (p. 320).

23. *Ibid.*, p. 217.

24. Kallistos Ware, *L'Île au-delà du monde*, Paris, Le Cerf, coll. « Sel de la terre », 2005, p. 208.

25. Cf. Gérald Bernard Mailhiot, « Et Dieu se fit enfant », in *Adulte et enfant devant Dieu, Cahiers de psychologie religieuse*, présentation de A. Godin, Bruxelles, Lumen Vitae, 1968, p. 123.

26. Robert Coles, *op. cit.*, p. 157.

27. *Ibid.*, p. 77.

L'enfance : une pierre d'attente pour le spirituel

1. Gaston Bachelard, *La Terre et les Rêveries de la volonté*, Paris, Librairie José Corti, 1996 [1948] et *L'Air et les Songes. Essai sur l'imagination du mouvement, ibid.*, 1998 [1943].

2. Voir Nicole Fabre, *Le Dieu de l'enfant. Il n'est pas toujours ce que l'on croit*, Paris, Albin Michel, 2007 et *Le Signe de la baleine*, Paris, Le Cerf, nouvelle édition, 2008.

La presse éducative, une école de spiritualité pour les enfants

1. Diffusion : respectivement 18 000 et 25 000 exemplaires avec une audience totale, pour les deux titres, d'environ 300 000 lecteurs. Il existe également une version mexicaine de *Filotéo* et des reprises de pages de *Pomme d'Api Soleil* aux Philippines.

2. Entretiens avec l'auteur.

3. *Pomme d'Api Soleil*, n° 71, février-mars 2008, page couverture.
4. *Ibid.*, n° 69, octobre-novembre 2007, page couverture.
5. Marie-Agnès Gaudrat, « Les grandes questions des tout-petits », Hors série *Pomme d'Api Soleil*, 2003-2004, éditorial, p. 3.
6. « Le rôle de la presse jeunesse dans la formation morale du sujet », texte inédit, Colloque Centre Sèvres, 2007.
7. *Op. cit.*, n° 71, 2008, p. 3.
8. *Ibid*, p. 6.
9. *Ibid*, p. 7.
10. *Ibid*, p. 11.
11. *Op. cit.*, n° 69, 2007, p. 26.
12. *Op. cit.*, n° 68, 2007, p. 26.
13. Entretien avec l'auteur.
14. *Filotéo*, n° 189, février-mars 2008, p. 39.
15. *Ibid.*, n° 180, août-septembre 2006, n° 184, avril-mai 2007, n° 189, février-mars 2008.
16. *Ibid.*, n° 189, 2008, p. 38-40.
17. *Ibid.*, p. 9.
18. *Ibid.*, n° 190, 2008 ; n° 184, 2006 ; n° 189, 2008 ; p. 2.
19. *Ibid.*, n° 190, p. 16-17.
20. Nathalie Sarraute, *Enfance*, Paris, Gallimard, coll. « Folio », n° 1684, 1983, p. 80.

Un esprit caché aux sages et aux intelligents

1. Serge Molla (éd.), *Voix ferventes. Prières afro-américaines, XVIIIe-XXe siècles*, Genève, Labor et Fides, 2004, p. 47.
2. Stephen B. Oates, *Martin Luther King*, Paris, Le Centurion, 1985, p. 263.

3. *Ibid.*, p. 264.

4. Un ouvrage leur a d'ailleurs été consacré : *Sheyann Webb, Rachel W. Nelson, Selma, Lord, Selma. Childhood Memories of the Civil-Rights Days*, University of Alabama Press, 1980.

5. Serge Molla, *Les Idées noires de Martin Luther King*, Genève, Labor et Fides, 2008, p. 11.

6. Cité en exergue du livre de Marie-Agnès Combesque, *Martin Luther King*, Paris, Le Félin poche, 2008.

7. Martin Luther King *in* Serge Molla, *op. cit.*, p. 46.

8. Cette expression – « *Only God can make a way out of no way* » – appartient à la tradition afro-américaine, elle se retrouve fréquemment dans les *Gospel songs* et ne peut être attribuée à un auteur en particulier.

9. Martin Luther King, 65/12/12, *in* Serge Molla, *op. cit.*, p. 81.

10. Martin Luther King, *Je fais un rêve*, Paris, Bayard, 1987, p. 30-61.

11. *Ibid.*, p. 51.

Cultiver la spiritualité : le modèle éducatif de la « Haggadah de Pessah »

1. Ralph W. Hood Jr, Bernard Spilka, Bruce Hunsberger et Richard Gorsuch, *The Psychology of Religion. An Empirical Approach*, New York, The Guilford Press, 1996 [2e éd.].

2. William James, *The Varieties of Religious Experience*, New York, Barnes & Noble Classics, 2004 [1902].

3. Pierre-Yves Brandt et Claude-Alexandre Fournier (dir.), *Fonctions psychologiques du religieux : cent ans après* Varieties *de William James*, Actes et recherches, Genève, Labor et Fides, 2007, et Tania Zittoun, « Difficult secularity :

Talmud as symbolic resource », *Outlines. Critical social studies*, vol. 8, n° 2, 2006, p. 59-75.

4. Parmi les auteurs qui définissent cette approche, on peut mentionner Jerome S. Bruner, *Acts of Meaning*, Cambridge, Harvard University Press, 1990 et Jaan Valsiner, *Culture in Minds and Societies : Foundations of Cultural Psychology*, New Delhi, Sage, 2007.

5. Kate Adams et Brendan Hyde, « Children's grief dreams and the theory of spiritual intelligence », *Dreaming*, vol. 18, n° 1, 2008, p. 58-67, en particulier p. 59.

6. David Hay et Rebecca Nye, *The Spirit of the Child*, London, Harper Collins, 1998.

7. *Ibid.*, p. 119-124, cité par Daniel G. Scott, « Spirituality in child and youth care : Considering spiritual development and relational consciousness », *Child and Youth Care Forum*, vol. 32, n° 2, 2003, p. 117-131, en particulier p. 120.

8. Daniel G. Scott, *ibid.*

9. *Loc. cit.*

10. Edward Robinson, *The Original Vision : A Study of the Religious Experience of Childhood*, New York, Seabury Press, 1983, p. 32, selon ma traduction, cité par Daniel G. Scott, *op. cit.*, p. 127.

11. Pour une analyse plus détaillée, voir Tania Zittoun, *Tradition juive et constructions de sens. Une introduction à la transmission traditionnelle de l'herméneutique juive et à son utilisation contemporaine*, Dossier de Psychologie, Neuchâtel, Université de Neuchâtel, n° 58, 2001 ; édition revue et complétée : Tania Zittoun, « Tradition juive et construction de sens. L'argumentation dans les textes traditionnels du judaïsme, leur transmission, leur interprétation, et au-delà », *in* Eddo Rigotti *et al.* (eds.), *Argomentazione nette istituzioni*, 2007, Argumentum eLearning module, www.argumentum.ch.

12. Arthur Green (ed.), *Jewish spirituality : From the Bible through the Middle Ages*, New York, Crossroad, 1986, p. XIII.

13. Voir notamment Marc-Alain Ouaknin, *Tsimtsoum. Introduction à la méditation hébraïque*, Paris, Albin Michel, 1992.

14. Martin Buber, *Les Récits hassidiques*, Paris, Le Seuil, 1963 [1949], 2 tomes.

15. Daniel G. Scott, *op. cit.*

16. Voir Tania Zittoun, *op. cit.*, note 11.

17. H. Kramer, Y. Starret, M. Mykoff, S. Tolédano et A. Dimermanas, *Hagadah de Pessa'h Breslev. La hagadah de Pessa'h traditionnelle avec les commentaires basés sur les enseignements de Rabbi Na'hman de Breslev*, Paris, Institut Breslev, 1989, p. 75.

18. Cecil Roth (ed.), *The Haggadah*, illustrée par A. Szyk, Jérusalem, Massdah and Alumoth, 1960.

19. Tania Zittoun, *op. cit.*, note 11.

20. Marc-Alain Ouaknin, *Le Livre brûlé. Philosophie du Talmud*, Paris, Le Seuil, 1986, p. 108-109.

21. H. Kramer *et al., op. cit.*

22. Élie Wiesel, *Célébration hassidique. Portraits et légendes*, Paris, Le Seuil, 1972.

23. H. Kramer *et al., op. cit.*, p. 36-37.

24. H. Kramer *et al., ibid.*, p. 64-65.

Paraboles thérapeutiques :
à l'écoute des enfants et des personnes handicapées

1. « Paraboles et prédications », in *L'Herméneutique biblique*, Paris, Le Cerf, 2001, p. 257.

2. André Gounelle, *Les Grands Principes du protestantisme*, Paris, Les Bergers et les Mages, 1985, p. 14.

3. *Ibid.*, p. 177.

4. Paris, DDB, 1991.

5. Lytta Basset, « Une joie insolite : l'ouverture des entrailles », *La Chair et le Souffle*, 2007, vol. 2, n° 1, 2007, p. 52-53.

6. Georges Bernanos, *Journal d'un curé de campagne* [1936], in *Œuvres romanesques*, Paris, Gallimard, coll. « la Pléiade », 1961, p. 1095.

7. Emmanuel Mounier, in *Œuvres*, IV, Paris, Le Seuil, 1963, p. 661.

Thérèse de Lisieux et l'enfance spirituelle : relire « Le Divin Petit Mendiant de Noël »

1. Sainte Thérèse de l'Enfant-Jésus et de la Sainte-Face, *Manuscrits autobiographiques*, Paris, Le Cerf/DDB, coll. « Édition critique des œuvres complètes », 1992, p. 101 (manuscrit A, 31r°v°).

2. Gérard Cholvy et Yves-Marie Hilaire, *Histoire religieuse de la France contemporaine*, t. 1, (1800-1880), Toulouse, Privat, 1985.

3. Jean Clapier, « Aimer jusqu'à mourir d'amour », in *Thérèse et le Mystère pascal*, Paris, Le Cerf, 2003, p. 81 et note 3.

4. Sainte Thérèse de l'Enfant-Jésus et de la Sainte-Face, *op. cit.*, p. 130 (manuscrit A, 41r°). Les premières associations des enfants de Marie sont fondées en 1845. Thérèse devient « Enfant de Marie » le 31 mai 1887.

5. Dans la lettre n° 201 adressée à l'abbé Adolphe Roulland, le 1er novembre 1896 (Jean Clapier, *op. cit.*, p. 82).

6. Sainte Thérèse de l'Enfant-Jésus et de la Sainte-Face, *Récréations pieuses*, Prières, Paris, Le Cerf/DDB, coll. « Édition critique des œuvres complètes », 1992, RP 5 *(Le Divin Petit Mendiant de Noël demandant l'aumône aux carmélites)*, p. 200 (désormais cité RP 5 – récréation pieuse n° 5 – suivi

du renvoi à la pagination). Les 26 strophes sont enchâssées par une introduction et une conclusion. Pour une introduction récente et complète à l'ensemble de l'œuvre, voir Jean Clapier, *op. cit.*

7. Andreas Wollbold, « Trois genres littéraires de Thérèse en tant que forme de son expérience de Dieu (les Poésies, les Récréations pieuses, la Correspondance) », *Vie thérésienne*, n° 35, 1995, p. 20-56.

8. Noëlle Hausman, *Thérèse de Lisieux, docteur de l'Église*, Paris, DDB, 2007, p. 135 et note 8 (chapitre VII : « Thérèse en scène : les Récréations pieuses »).

9. Nous n'avons nulle part trouvé trace d'un rapprochement entre l'art de la mémoire et les récréations pieuses dans l'ensemble de la bibliographie thérésienne consultée.

10. Les travaux sur l'art de la mémoire ont été complètement renouvelés par une nouvelle étude de Lina Bolzoni, *La Chambre de la mémoire. Modèles littéraires et iconographiques à l'âge de l'imprimerie*, Genève, Droz, 2004. Cette étude complète utilement les études fondatrices de Frances A. Yates, *L'Art de la mémoire*, Paris, Gallimard, 1975 et de Mary Carruthers, *Machina memorialis. Méditation, rhétorique et fabrication des images au Moyen Âge*, Paris, Gallimard, 1998.

11. Frances A. Yates, *L'Art de la mémoire, op. cit.*, p. 95-118.

12. Comme le montre le très beau livre de Georges Didi-Huberman, *Fra Angelico, Dissemblance et figuration*, Paris, Flammarion, 1995.

13. Pierre-Antoine Fabre, *Ignace de Loyola. Le lieu de l'image. Le problème de la composition de lieu dans les pratiques spirituelles et artistiques jésuites de la seconde moitié du XVIe siècle*, Paris, Vrin-EHESS, 1992.

14. Par le jésuite Marcel Bouix en 1850, Jean Clapier, *op. cit.*, p. 65.

15. Sur l'histoire complexe des manuscrits thérésiens, voir la bonne synthèse de Noëlle Hausman, *op. cit.*, p. 20-30.

16. Noëlle Hausman, *ibid.*, p. 16-17 ; 166, note 3 : « mes poésies sont un jet du cœur, une inspiration ».

17. Très belle approche théologique de la petite voie dans Jean Clapier, *op. cit.*, p. 361-387. Sur le sens de cette expression, voir les développements ci-dessous.

18. Jean Clapier, *op. cit.*, p. 69.

19. RP 5, p. 355, note 1r°2.

20. Irénée Noye, « Enfance de Jésus », in *Dictionnaire de spiritualité*, Paris, Beauchesne, 1937-1987, fascicule XXVI-XXVII, c. 663-665.

21. Jean Clapier, *op. cit.*, p. 71.

22. Offert par la famille de Marie Guérin, RP 5, p. 355, note 1r°2.

23. RP 5, p. 355, note 1r°2.

24. RP 5, p. 187. Sur la figure angélique, voir Philippe Faure, *Les Anges*, Paris, Le Cerf, 2004.

25. RP 5, p. 187-188.

26. Noëlle Hausman, *op. cit.*, p. 135-136.

27. Frances A. Yates, *op. cit.*, p. 144-174 ; 344-366.

28. *Loc. cit.*

29. Couplet 1, RP 5, p. 188.

30. *Ibid.*, p. 189.

31. François Boespflug, « Images », *in* Jean-Yves Lacoste (dir.), *Dictionnaire critique de théologie*, Paris, PUF, 1998, p. 553-557.

32. Les armoiries se trouvent à la fin du manuscrit A, Sainte Thérèse de l'Enfant-Jésus et de la Sainte-Face, *Récréations pieuses, op. cit.*, p. 274-275.

33. Sur ce thème majeur, Jean Clapier, *op. cit.*, p. 429-456 et bibliographie citée p. 429-430, note 2.

34. Couplet 2, RP 5, p. 189.

35. « *Alumnus familiarissimus Dominae nostrae* », Lettre 171 à Nicolas de Saint-Alban, *P.L.* 202, c. 618. Sur le thème

de l'enfance spirituelle au Moyen Âge, voir l'article fondamental de Robert Javelet, « L'enfance spirituelle au XIIe siècle », in *Vie Thérésienne*, n° 45, 1972, p. 25-44 ; 104-130.

36. Theobald Koehler, « La maternité spirituelle de Marie (Moyen Âge occidental : 1250 à 1500) », *Études mariales*, n° 16, 1959, p. 24-57.

37. Par exemple, Adam de Perseigne, Lettre 8, *P.L.* 211, c. 604-605.

38. Couplet 2, RP 5, p. 189.

39. Sainte Thérèse de l'Enfant-Jésus et de la Sainte-Face, *Manuscrits autobiographiques, op. cit.*, p. 199 (manuscrit A, 64r°). Les mots de la citation en italiques sont en italiques dans l'édition.

40. « Simple », « simplement », « simplicité », *Les mots de Sainte Thérèse de l'Enfant-Jésus et de la Sainte-Face, concordance générale*, Paris, Le Cerf, 1996, p. 775-776.

41. Jean Clapier, *op. cit.*, p. 361 et note 1.

42. Cité par Noëlle Hausman, *op. cit.*, p. 233 : « Je ne puis craindre un Dieu qui s'est fait pour moi si petit. »

43. *Ibid.*, p. 365 et renvoi à Pr 9, 4.

44. « Le fils de Dieu, c'est le Fils de Marie/Le pain de l'Ange est le Lait virginal », PN 1, strophe 5, cité par Noëlle Hausman, *idid.*, p. 233.

45. Couplet 2, RP 5, p. 189.

46. Jean Clapier, *op. cit.*, p. 402-403.

47. Couplet 16, RP 5, p. 195.

48. Marie Bertho, *Le Miroir des âmes simples et anéanties de Marguerite Porète. Une vie blessée d'amour*, Paris, Larousse, 1993, p. 55.

49. Par exemple, Grégoire de Nysse, *loc. cit.*

50. Couplet 16, RP 5, p. 195.

51. Couplet 13, RP 5, p. 194 ; couplet 14, RP 5, p. 194 ; couplet 23, RP 5, p. 199.

52. Hilda Graef, *Histoire de la mystique*, Paris, Le Seuil, 1972.

53. Par exemple, Guillaume de Saint-Thierry, *Sancti Bernardi vita prima*, P.L., t. 185, col. 228-229.

54. Sainte Thérèse de l'Enfant-Jésus et de la Sainte-Face, *Manuscrits autobiographiques, op. cit.*, p. 325-326.

55. Paola Mostarda, *La simbolica della natura nella teologia di Santa Teresa di Lisieux*, presentazione di Jesùs Castellano Cervera, Postfazione di François-Marie Léthel, Roma, Edizioni OCD, 2006.

56. Alain Rey (dir.), *Dictionnaire culturel en langue française*, Paris, Le Robert, 2005, t. III, p. 225. Le verbe *sumballein* (de *sun*, avec et *ballein*, jeter) signifie « mettre ensemble », « jeter avec ».

57. RP 5, p. 192-198.

58. Reproduite dans sainte Thérèse de l'Enfant-Jésus et de la Sainte-Face, *Récréations pieuses, op. cit.*, p. 256.

59. Sylvie Barnay, *Le Ciel sur la terre. Les apparitions de la Vierge au Moyen Âge*, préface de Jean Delumeau, Paris, Le Cerf, 1999, p. 121-124.

60. *Ibid.*, p. 198, couplet 22. Dans le même registre, voir par exemple le couplet 12, p. 193 ou les couplets 24 et 25, p. 199.

61. Bruno Chenu, *L'Urgence prophétique, Dieu au défi de l'histoire*, Paris, Bayard-Le Centurion, 1997.

Notes sur l'esprit d'enfance bernanosien

1. Georges Bernanos, « Jeanne, relapse et sainte » (1929), *in* Georges Bernanos, *Essais et écrits de combat I*, Paris, Gallimard, coll. « Bibliothèque de la Pléiade », 1971, p. 40. Dans la suite de ce chapitre, toutes les références à des textes de Bernanos seront indiquées par un renvoi aux volumes parus chez Gallimard dans la collection « Bibliothèque de la Pléiade » selon les sigles suivants : *OE* pour *Œuvres romanesques*, 1961 ; *EC I* pour *Essais et*

écrits de combat I, 1971 et *EC II* pour *Essais et écrits de combat II*, 1995.

2. *Ibid.*, p. 21-22.

3. Karl Rahner, « Pour une théologie de l'enfance », *L'Anneau d'or*, n° 120, nov.-déc. 1964, p. 438.

4. *Ibid.*, p. 432.

5. Georges Bernanos, « Noël aura-t-il lieu ? », 1947, in *EC II*, p. 1202.

6. Georges Bernanos, « Saint Dominique », 1926, in *EC I* p. 9.

7. Sur ce point, voir les déclarations de Bernanos dans « Satan et nous », juillet 1927, in *EC I*, p. 1099-1101.

8. Georges Bernanos, « Noël aura-t-il lieu ? », 1947, in *EC II*, p. 1202.

9. *Ibid.*, p. 1203.

10. *Ibid.*

11. Georges Bernanos, « Aux Enfants de France », Juillet 1943, in *EC II*, p. 556. Bernanos fait ici allusion aux accords de Munich, en septembre 1938 et à la rencontre de Pétain et de Hitler à Montoire en octobre 1940, où fut admis le principe de la collaboration avec l'Allemagne.

12. *Ibid.*, p. 556.

13. Georges Bernanos, « Les Monstres », 14 mai 1946, in *EC II*, p. 1140.

14. Georges Bernanos, « Aux Enfants de France », printemps 1943, in *EC II*, p. 841.

15. Georges Bernanos, « Les Grands Cimetières sous la lune », 1938, in *EC I*, p. 516 et 518.

16. *Ibid.*, p. 522. La petite carmélite est sainte Thérèse de l'Enfant-Jésus. Jeanne d'Arc est, pour Bernanos, l'incarnation privilégiée de l'esprit d'enfance « politique ».

17. Georges Bernanos, « Patientia pauperum », septembre 1942, in *EC II*, p. 449 et 451. Pour Bernanos, l'esprit de pauvreté est l'esprit d'enfance.

18. Georges Bernanos, « Sous le Soleil de Satan », 1926, in *OE*, p. 200.

19. En particulier dans « Les Enfants humiliés », 1949, in *EC I*, p. 851-858. Voir encore *EC I*, p. 680 ou *EC II*, p. 230-231. Tous ces textes datent de 1939-40.

20. Georges Bernanos, « La Nouvelle Histoire de Mouchette », 1937, in *OE*, p. 1263.

21. *Ibid.*, p. 1291-2.

22. Georges Bernanos, « Vie de Jésus », septembre 1943, in *EC II*, p. 876.

23. Georges Bernanos, *op. cit.*, p. 1343.

24. Georges Bernanos, « Journal d'un curé de campagne », 1936, in *OE*, p. 1031.

25. *Ibid.*, p. 1226.

26. Georges Bernanos, « Nos amis les saints », 1947, in *EC II*, p. 1380.

27. « Critique du *Journal* », *La Quinzaine*, 15 février 1951.

28. Voir dans Georges Bernanos, « Journal d'un curé de campagne », *op. cit.*, p. 1068-71, 1074-75, 1078-80.

29. Georges Bernanos, « Jeanne, relapse et sainte », 1929, in *EC I*, p. 42.

30. Georges Bernanos, *op. cit.*, p. 1259.

31. *Ibid.*, p. 1141.

32. Cf. sainte Thérèse de l'Enfant-Jésus, *Manuscrits autobiographiques*, Carmel de Lisieux, 1957, p. 220.

33. Georges Bernanos, « Les Grands Cimetières sous la lune », *op. cit.*, p. 518.

34. « Jeanne, relapse et sainte », 1929, in *EC I*, p. 40.

35. Georges Bernanos, « Nos amis les saints », 1947, in *EC II*, p. 1383.

Un renversement bienvenu dans l'histoire de la catéchèse

1. André Guindon, *Le Développement moral*, Paris/ Ottawa, DDB/Novalis, coll. « L'horizon du croyant », 1989.
2. René Soulayrol, « Spiritualité de l'enfant. D'un élan pur à la religion », *Choisir*, n° 554, février 2006, p. 16.
3. *Deux mille ans d'éducation de la foi*, Paris, Desclée de Brouwer, 1983.
4. Cf. Conférence épiscopale française, *La Catéchèse des enfants. Texte de référence, au service des auteurs de publications catéchétiques et des responsables de la pastorale*, Paris, Le Centurion, 1979.

Présentation des auteurs

Anne-Marie Aitken

Anne-Marie Aitken est assistante générale de La Xavière, congrégation catholique de spiritualité ignatienne. Elle détient une maîtrise de théologie pastorale de l'Institut catholique de Paris. Elle a travaillé au Centre national de l'Enseignement religieux à Paris, puis a été rédactrice en chef de la revue jésuite *Relations* à Montréal au Québec. Elle a participé au comité de rédaction de la revue de spiritualité *Christus*. Elle donne depuis de nombreuses années les exercices spirituels de saint Ignace.

Sylvie Barnay

Historienne, maître de conférences à l'Université de Metz et chargée de cours à l'Institut catholique de Paris, Sylvie Barnay est notamment l'auteure de *Le Ciel sur la Terre, les apparitions de la Vierge au Moyen-Âge* (préface de Jean Delumeau, Paris, Le Cerf, 1999),

La Vierge, femme au visage divin (Paris, Gallimard, coll. « Découvertes », 2000) et *Les Saints, des êtres de chair et de ciel* (Paris, Gallimard, coll. « Découvertes », 2004). Spécialiste du langage hagiographique au Moyen-Âge, elle effectue des recherches sur les rapports entre chronologie et anachronie qui la conduisent actuellement à s'intéresser à l'histoire du culte marial contemporain. Elle est correspondante à l'*Osservatore Romano* et dirige la chronique radiophonique « Les mots des religions » à l'Institut de France.

Lytta Basset

Philosophe et théologienne protestante franco-suisse, Lytta Basset a été pasteure pendant dix-sept ans avant de devenir professeure de théologie pratique, depuis 1998, aux universités de Lausanne puis de Neuchâtel. Elle poursuit également une activité d'écrivain : *Le Pardon originel* (Genève, Labor et Fides, 2005, 3e éd.) ; *Guérir du malheur* et *Le Pouvoir de pardonner* (1999) ; « *Moi je ne juge personne* » (2003) ; *La Joie imprenable* (2004) – tous en poche aujourd'hui chez Albin Michel (Paris) ; *Culpabilité, paralysie du cœur* (Genève, Labor et Fides, 2003) ; *Sainte colère* (Paris, Bayard, 2003, poche 2006) et *Aube* (Paris/Genève, Bayard/Labor et Fides, 2004) ; *Au-delà du pardon. Le Désir de tourner la page* (Paris, Presses de la Renaissance, 2006) ; *Ce lien qui ne meurt jamais* (Paris, Albin Michel, 2007, 2e éd., Paris ; Le livre de poche, 2010) ; *Aimer sans dévorer* (Paris, Albin Michel, 2010).

Yves Bridel

Yves Bridel est né en 1930 à Lausanne où il fit ses études et enseigna avant de devenir professeur de langue et de littérature françaises à l'Université de Saint-Gall. Docteur ès lettres, docteur honoris causa de l'Université de Pècs (Hongrie), auteur de plusieurs ouvrages et de nombreux articles en particulier sur Bernanos, le surréalisme et la littérature de Suisse romande, il fut président de l'Association des études francophones d'Europe centre-orientale et est actuellement vice-président de l'Association européenne d'études francophones, dont il est l'un des membres fondateurs. Il fut rédacteur des *Cahiers protestants* et président de Connaissance 3, Université du 3e âge du canton de Vaud (Suisse).

Nicole Fabre

De formation philosophique, Nicole Fabre a été professeure à l'Institut catholique de Paris où son enseignement concernait majoritairement les rapports entre vie de foi et inconscient. Elle est actuellement professeure invitée au Centre Sèvres (Facultés jésuites de Paris). Docteure en psychologie, psychanalyste, psychothérapeute d'enfants, elle a été présidente du groupe international du rêve éveillé en psychanalyse (Girep). Elle s'intéresse particulièrement à la place et au rôle de l'imaginaire dans la vie psychique. Elle a publié de nombreux ouvrages parmi lesquels : *Le Dieu de l'enfant : il n'est pas celui qu'on croit* (Paris, Albin Michel, 2005), *La Solitude : ses peines et ses richesses* (Paris, Albin Michel, 2004), *Les Paradoxes du pardon* (Paris, Albin Michel, 2007) ; *Au miroir des rêves* (Paris, DDB, 2001), *Vous avez dit la morale ?* (Paris, DDB, 2008) ; *Le Signe de la baleine* (Paris, Le Cerf, 2008), *L'Inconscient et la Foi* (Paris, Le Cerf, 2009), *Demain à Rome* (Paris, J.-C. Lattès, 2009).

Serge Molla

Serge Molla est pasteur en Suisse (Vaud), marié, père de trois jeunes adultes. Passionné par la tradition afro-américaine, dont il a traduit quelques textes forts, il a consacré sa thèse de doctorat à la pensée de Martin Luther King. Il est par ailleurs très sensible à la littérature et aux diverses expressions culturelles contemporaines qu'il tente de déchiffrer et d'interpréter en théologien. Il est l'auteur, le traducteur ou l'éditeur de quelques ouvrages chez Labor et Fides (Genève) : *Les Idées noires de Martin Luther King* (2008) et *Voix ferventes. Prières afro-américaines,* XVIII*e*-XX*e* *siècles* (2004).

Madeleine Natanson

Psychanalyste, membre didacticienne du Girep (Groupe international du rêve éveillé en psychanalyse) et docteure en sciences de l'éducation, Madeleine Natanson a enseigné dans les universités de Rouen (Haute-Normandie) et de Caen. Elle anime des groupes de parole pour des enseignants, des travailleurs sociaux et des pasteurs. Elle a participé à la mise en place d'une catéchèse pour des jeunes handicapés mentaux. Elle est auteure de plusieurs ouvrages, notamment *Réparation symbolique et alliance pédagogique* (Paris, Fleurus, 1989), *Des lieux pour se plaindre, une écoute psychanalytique dans la formation* (Paris, Matrice, 1994), co-auteure, avec Jacques Natanson, de *Risquer la transmission* (Paris, DDB, 2004) et récemment, avec Nicole Fabre, de *Et comment va la famille ? Petites chroniques des familles au quotidien* (Bruxelles, De Boeck Université, 2008).

Emmanuelle Rémond-Dalyac

Emmanuelle Rémond-Dalyac est journaliste et collabore régulièrement aux publications du groupe Bayard *(La Croix, Pèlerin, Croire Aujourd'hui, Panorama)* dans les pages « Famille et Spiritualité ». Elle fut pendant six ans rédactrice en chef de *Grain de Soleil*, le magazine d'éveil religieux pour les enfants de 8 à 12 ans, publié par Bayard entre 1988 et 2005 dont le courrier de lecteurs est à l'origine du livre *Et qui donc est Dieu ? 150 réponses à des vraies questions d'enfants*, publié par Bayard Jeunesse en 1998. Elle est aussi l'auteur de *La Grande Encylopédie des parents et de la famille*, publiée par Fleurus, et a écrit de nombreux livres pour la jeunesse.

Michèle Trellu

Médecin hospitalier de rééducation et retraitée, Michèle Trellu a travaillé avec des enfants handicapés à Brest, puis à Quimper où elle a été pendant vingt-cinq ans responsable du département de médecine physique et de réadaptation au Centre hospitalier intercommunal de Cornouaille de Quimper. Elle est membre de l'Association œcuménique Chrétiens-sida et a publié « Décembre en Guinée Conakry », *Chrétiens-sida*, Supplément Afrique, n° 11.

Tania Zittoun

Tania Zittoun est professeure à l'Institut de psychologie et éducation de l'Université de Neuchâtel, en Suisse. Ses travaux portent sur la manière dont les personnes peuvent utiliser les éléments que la culture environnante leur donne (récits, images, traditions) comme ressources pour donner sens aux évènements qu'elles vivent. Cela l'a amenée à étudier la prénomination *(Donner la vie, choisir un nom*, Paris, L'Harmattan, 2006) et les transitions que vivent de jeunes adultes (*Insertions*, Berne, Peter Lang, 2006, et *Transitions*, Greenwich, InfoAge, 2006). Depuis longtemps, elle s'intéresse à la manière dont les modalités éducatives mises en place par le judaïsme peuvent faciliter de telles constructions de sens.

Ce livre est la reprise, en édition de poche, d'un numéro de *La Chair et le Souffle, revue internationale de théologie et de spiritualité*. La revue *La Chair et le Souffle* propose des perspectives critiques (théologiques, philosophiques et autres) sur le lien entre la condition humaine et la vie spirituelle. Il s'agit de creuser le rapport de l'être humain à lui-même et à ce qui le dépasse, en prenant toujours en compte la dimension existentielle et herméneutique. Si la spiritualité n'est pas prisonnière des religions, au point qu'on peut parler d'une spiritualité des athées, il semble néanmoins qu'elle fasse l'objet de très peu de réflexions critiques : la revue s'emploie à dégager les critères d'une spiritualité véritablement féconde.

Scientifique tout en restant accessible aux non-initiés, elle est trans-confessionnelle, clairement enracinée dans la tradition chrétienne mais ouverte à toute réflexion sensible à la spiritualité, sans esprit de récupération ; son comité scientifique et son comité de rédaction sont composés de protestants, de catholiques et d'orthodoxes.

Elle est internationale : les membres des deux comités, ainsi que les auteurs, sont des francophones suisses, canadiens, français, belges, luxembourgeois, etc.

Comité de rédaction :
Sylvie Barnay (Paris), Lytta Basset, directrice (Neuchâtel), Michel-Maxime Egger (Lausanne), Micheline Gagnon (Sherbrooke), Jean-François Malherbe (Trente), Véronique Margron (Angers), Serge Molla (Lausanne).

Comité scientifique :
François-Xavier Amherdt (Fribourg), Hélène Arjakovsky (Tübingen), Jean Bédard (Rimouski), Maurice Bellet (Paris), Richard Bergeron (Québec), Ignace Berten (Bruxelles), Fabrice Blée (Ottawa), Boris Bobrinskoy (Paris), Pierre-Yves Brandt (Lausanne), Jean Breck (New York), Jean-Claude Breton (Montréal), Pierre Bühler (Zurich), Thierry Collaud (Neuchâtel), Corina Combet-Galland (Paris), Marc Dumas (Sherbrooke), Laurent Gagnebin (Paris), Ermanno Genre (Rome), Erny Gillen (Luxembourg), Dennis Gira (Paris), Gottfried Hammann (Neuchâtel), Shafique Keshavjee (Genève), Mgr Georges Khodr (Mont-Liban), Raymond Lemieux (Québec), Robert Mager (Québec), Daniel Marguerat (Lausanne), Louise Melançon (Sherbrooke), Félix Moser (Neuchâtel), Élisabeth Parmentier (Strasbourg), Jean-Michel Poffet (Fribourg), Jean-Claude Polet (Louvain-la-Neuve), Timothy Radcliffe (Oxford), Gabriel Ringlet (Louvain-la-Neuve), Thomas Römer (Lausanne), Constantin Sigov (Kiev), Michel Stavrou (Paris), Bernard Ugeux (Toulouse), Bertrand Vergely (Paris), Mgr Kallistos Ware (Oxford), André Wénin (Louvain-la-Neuve).

Numéros parus :
Changer pour vivre mieux
2010 – n° 2
La religion perverse
2010 – n° 1
Les langages du corps
2009 – n° 2
Une spiritualité d'enfant
2009 – n° 1
Vers une écospiritualité II – Pratiques
2008 – n° 2
Vers une écospiritualité I – Jalons
2008 – n° 1
Pourquoi vivre ?
2007 – n° 2
La Compassion
2007 – n° 1
Réédité en format de poche, Albin Michel, coll. « Espaces libres », 2009, sous le titre *S'ouvrir à la compassion.*
Regards croisés sur l'Humain
2006 – n° 2
Présence du spirituel, croissance en humanité
2006 – n° 1

Contacts :
La Chair et le Souffle, Faculté de théologie,
41, faubourg de l'Hôpital,
CH-2000, Neuchâtel, Suisse.
Téléphone : (41 32) 718 19 00
Site : www.lachairetlesouffle.org
Courriel : secretariat.factheol@unine.ch

« Espaces libres »
au format de poche

DERNIERS TITRES PARUS

180. *Le Visage du vent d'est*, de K. WHITE.
181. *Petit lexique des mots essentiels*, d'O. VALLET.
182. *Lettres sur la méditation*, de L. FREEMAN.
183. *Dix questions simples sur Dieu et la religion*, d'A. HOUZIAUX.
184. *Dix questions simples sur la vie*, d'A. HOUZIAUX.
185. *Les Nouveaux Penseurs de l'islam*, de R. BENZINE.
186. *Au dernier survivant*, du rabbin D. FARHI.
187. *Schizophrénie culturelle*, de D. SHAYEGAN.
188. *Apprendre à être heureux*, d'A. HOUZIAUX.
189. *Inventaire vagabond du bonheur*, de J. KELEN.
190. *Le Secret de l'Aigle*, de L. ANSA et H. GOUGAUD
191. *Le Retour de l'enfant prodigue*, de H. NOUWEN.
192. *Mu. Le maître et les magiciennes*, d'A. JODOROWSKY
193. *Enquête au cœur de l'Être*, dir. par G.-E. HOURANT.
194. *La Conférence des oiseaux*, de J.-Cl. CARRIÈRE.
195. *Paroles d'Orient*, de M. de SMEDT.
196. *Les Mouvements du silence*, de G. MANZUR.
197. *Jésus, Marie Madeleine et l'Incarnation*, de J.-Y. LELOUP.
198. *Juifs et chrétiens face au XXIe siècle*, coll. dir. par P. THIBAUD.
199. *La Force de l'amour*, de Sœur CHÂN KHONG.
200. *Simon le Mage*, de J.-Cl. CARRIÈRE.
201. *Œdipe intérieur. La présence du Verbe dans le mythe grec*, d'A. de SOUZENELLE.
202. *Saint François d'Assise ou la puissance de l'amour*, de S. ROUGIER.
203. *Dieu* versus *Darwin*, de J. ARNOULD.
204. *Sagesses pour aujourd'hui*, entretiens réalisés par C. MESNAGE.

205. *Jésus, l'homme qui évangélisa Dieu*, de R. LUNEAU.
206. *Anthologie du chamanisme*, de J. NARBY et F. HUXLEY.
207. *La Roue de la médecine*, de SUN BEAR et WABUN.
208. *Moine zen en Occident*, de R. RECH et B. SOLT.
209. *Enquête sur la réincarnation*, dir. par P. VAN EERSEL.
210. *Une femme innombrable, le roman de Marie Madeleine*, de J.-Y. LELOUP.
211. *Sœur Emmanuelle, la chiffonnière du ciel*, de Sœur SARA et G. COLLARD.
212. *S'ouvrir à la compassion*, collectif dir. par L. BASSET.
213. *Le Livre du vide médian*, de F. CHENG.
214. *Préceptes de vie de l'Abbé Pierre*, d'A. NOVARINO.
215. *Préceptes de paix des Prix Nobel*, de B. BAUDOUIN.
216. *Cheminer vers la sagesse*, de D. CHOPRA.
217. *Le Chant des profondeurs*, collectif dir. par N. NABERT.
218. *Islam et démocratie*, de F. MERNISSI.
219. *Le Harem politique*, de F. MERNISSI.
220. *Contes de la chambre de thé*, de S. de MEYRAC.
221. *Deux mille dates pour comprendre l'Église*, de M. HEIM.
222. *La Femme dans l'inconscient musulman*, de F. AÏT SABBAH.
223. *La Consolation des consolations. L'Abbé Pierre parle de la mort*, d'A. NOVARINO.
224. *La mort est une question vitale*, d'E. KÜBLER-ROSS.
225. *Les Araignées sans mémoire*, d'A. JODOROWSKY.
226. *Une spiritualité d'enfant*, collectif dir. par Lytta BASSET.
227. *Quel devenir pour le christianisme ?*, Mgr BARBARIN et L. FERRY.

Composition Nord Compo
Impression CPI Bussière en décembre 2010
à Saint-Amand-Montrond (Cher)
Editions Albin Michel
22, rue Huyghens, 75014 Paris
www.albin-michel.fr

ISBN 978-2-226-21569-7
ISSN 1147-3762
N° d'édition : 19587/01. – N° d'impression : 103263/1.
Dépôt légal : janvier 2011.
Imprimé en France.